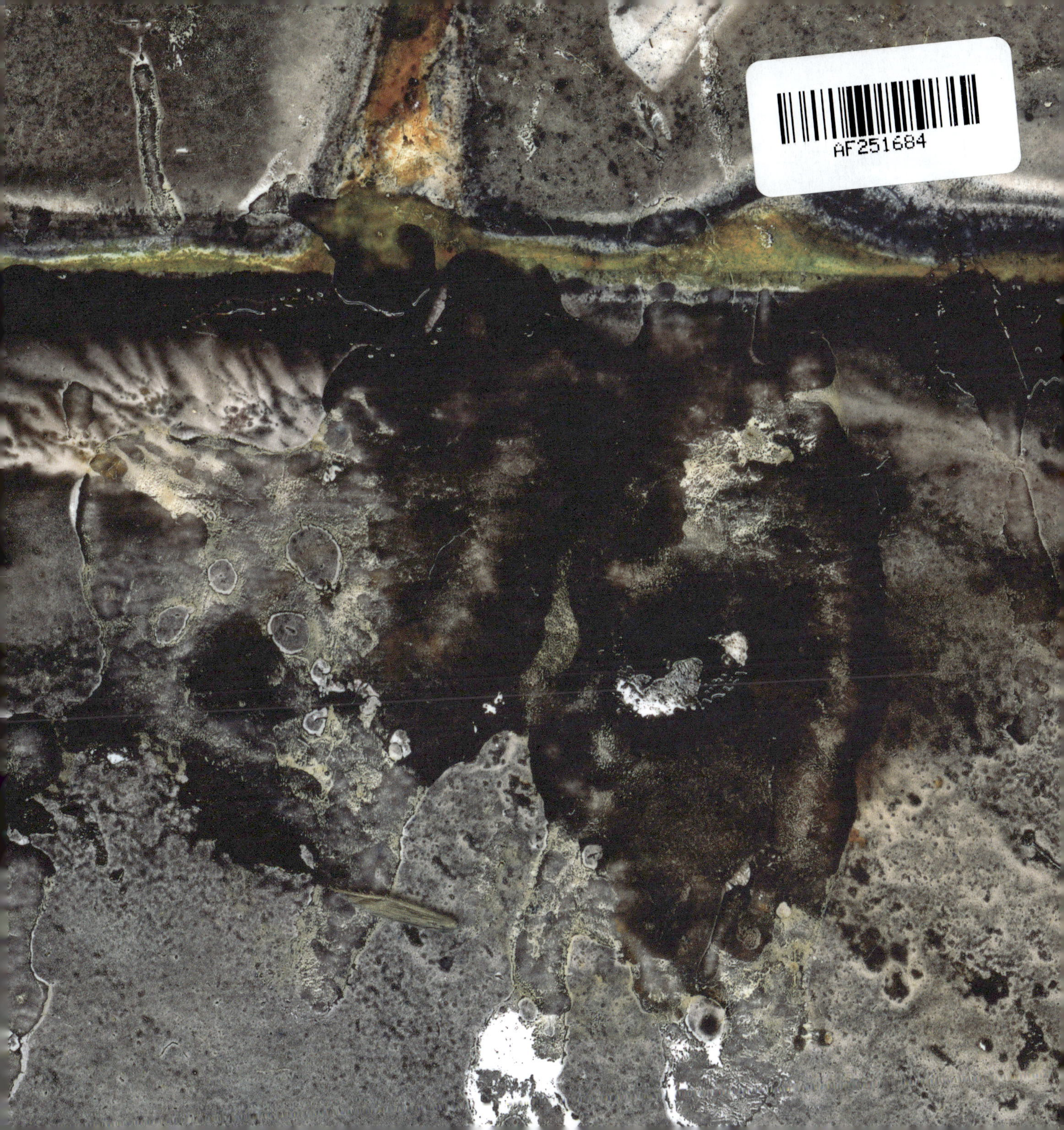
AF251684

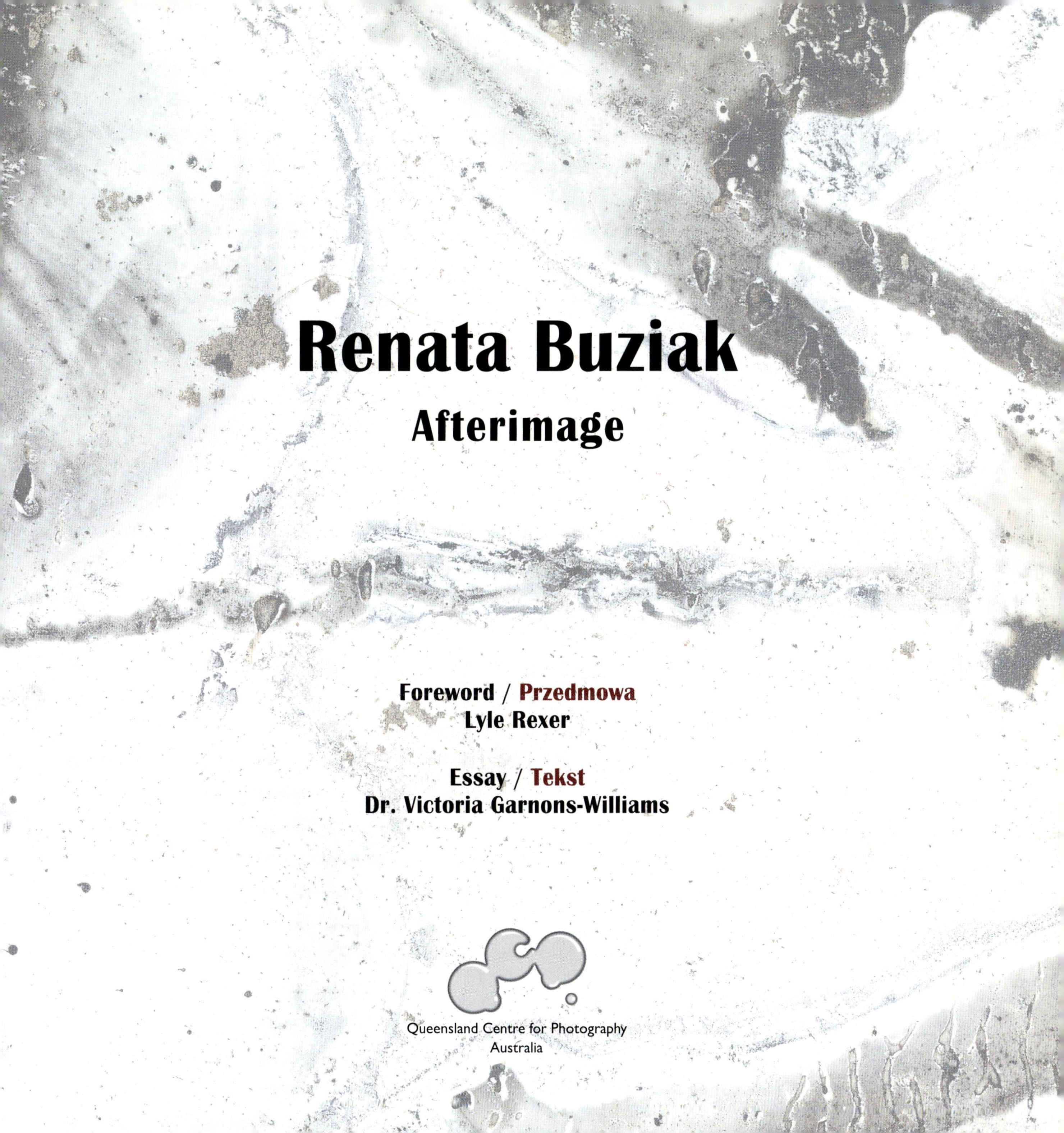

Renata Buziak

Afterimage

Foreword / Przedmowa
Lyle Rexer

Essay / Tekst
Dr. Victoria Garnons-Williams

Queensland Centre for Photography
Australia

Polish born Renata Buziak has lived in Brisbane since 2002. Buziak's solo exhibitions include *Afterimage* Queensland Centre for Photography Brisbane QLD 2009, *Decay & Renewal* Brisbane Square 2008, *New Works* College Gallery, South Bank QLD 2007, *Biochromes* Blender Gallery Paddington NSW 2007, *Botanica 2006 Australian Native Plants* Queensland Herbarium Artist-in-Residence Brisbane Botanic Gardens Mt Coot-tha, *Biochrome No 4* The Project Wall Australian Centre of Photography Sydney NSW 2005, *Biochromes My Garden* Queensland Centre for Photography Brisbane QLD 2004. Selected group exhibitions include: *ART|PLAY|SCIENCE* Environmental Art Collective exhibition, *Sharing... Wespół...* traveling exhibition throughout Poland, *Botanique* art & fashion show, *Shadows of Your Garden* fashion show in collaboration with a fashion designer, *Photo LA* Los Angeles. Buziak is a recipient of a number of art prizes and awards including the Thiess Art Prize 2005, and her work is held in public and private collections.

Renata Buziak urodziła się w Polsce, mieszka w Brisbane (Australia) od 2002 roku. Indywidualne wystawy Renaty Buziak: *Afterimage* Queensland Centre for Photography Brisbane Qld 2009, *Decay & Renewal* Brisbane Square Qld 2008, *New Works* College Gallery, South Bank Qld 2007, *Biochromes* Blender Gallery Paddington NSW 2007, *Botanica 2006 Australian Native Plants* Queensland Herbarium w ramach rezydencji artystycznej w Brisbane Botanic Gardens Mt Coot-tha, *Biochrome No 4* The Project Wall Australian Centre of Photography Sydney NSW 2005, *Biochromes My Garden* Queensland Centre for Photography Brisbane Qld 2004. Wybrane wystawy zbiorowe: *ART|PLAY|SCIENCE* White Canvas Gallery Qld z Environmental Art Collective, *Sharing... Wespół...* (pokazywana w wielu miejscach w Polsce), *Botanique* sztuka & moda, *Shadows of Your Garden* pokaz mody we współpracy z projektantkami mody, *Photo LA* Los Angeles. Renata Buziak otrzymała klika nagród i wyróżnień, m.in. Thiess Art Prize 2005. Prace artystyki znajdują się w zbiorach publicznych i prywatnych.

First published in 2010 by the Queensland Centre for Photography (QCP), Brisbane, Australia.
Pierwsze wydanie, Queensland Centre for Photography (QCP), Brisbane, Australia, 2010.

Queensland Centre for Photography, PO Box 5848, West End QLD 4101, Australia.

www.qcp.org.au
www.renata-buziak.com

All images: Archival pigment on Hahnemühle Torchon Paper unless otherwise stated as Type C Print.
Wszystkie reprodukcje: Archiwalny Pigment na papierze Hahnemühle Torchon, za wyjątkiem oznaczonych jako kolorowa fotografia.

Cover and end-papers / Okładka i wklejka *Tales of the Puddle (Opowieści Kałuży)* (detail) 2009
Title page / Strona tytułowa *Ice Pond (Staw Lodowy)* (detail) 2009

Editor / Redaktor Maurice Ortega, QCP
Design / Projekt graficzny Camilla Birkeland, QCP
Translations / Tłumaczenie Małgorzata Sady
Print production / Druk 3E Innovative, Brisbane, Australia

ISBN 978-0-9757720-6-5

Content

Spis treści

Foreword

It will be said that Renata Buziak's artistic roots lie in the sciences, in the work of the great botanical compiler Anna Atkins and later Karl Blossfeldt; likewise in an experimental photographic tradition that begins with William Henry Fox Talbot and includes figures such as Laszlo Moholy-Nagy. I place her elsewhere, slightly to the side of that stream in the shoals where the water becomes considerably murkier. It is with the more mystical observers of nature, whose conviction has been that the chance patterns displayed by natural events were not chance at all but evidence of a more coherent reality just beyond the visible, a reality in which all things participate. I am thinking of the playwright August Strindberg's photograms of snow crystals, using ice as the direct medium of impression. It is a tradition that carries through to contemporary artists such as the English photographer Susan Derges, who makes photograms in rivers and tidal shores by placing paper under the surface of the water.

Yet the desire for evidence of things unseen in nature goes beyond the recording of light, the writing of Talbot's "pencil of nature". It goes beyond the formal transcendentalism of American photographers such as Minor White and Ansel Adams. In Buziak's "Afterimage", the body of the original print registers conditions of time and physical circumstance, the duration of decay and merging with the reality it is supposed to record. The print then becomes a synecdoche, in poetic parlance, standing for all of us who, as human beings, are subject to the same forces acting on our skin.

I see this attempt to take photography beyond its limits as a medium of representation as the holy grail of Modernism. We think of photography as the ultimate distancing medium, the modern medium par excellence, sealing a melancholy bargain with the real that renders it available to the eye but forecloses a more direct, intimate knowledge, a knowledge that somehow transcends subjectivity. One school of contemporary photography sees its task as the measuring of this distance, or we might say an examination of the conditions of specularity. There is a cold comfort and frigid grandeur in relinquishing things to themselves. But perhaps at this stage of the game we need more than mere honesty from art.

Not that rekindling the illusion that each self is the centre of the universe will avail us as a species. But Buziak's analogy of photographic body with natural body (I am ignoring here the problem of the digitally reproduced versions) is less about expressing herself or about examining nature than about acknowledging a vulnerability. That vulnerability, as she captures it in "Afterimage" – enacts it, really – is beautiful and inevitable. It is the source of kinship among people and world and perhaps a stimulus to a heightened sense of responsibility.

Lyle Rexer

Photography faculty, School of Visual Arts, New York

Przedmowa

Źródeł twórczości Renaty Buziak dopatrywać się można w świecie nauki, w dziełach wielkich kompilatorów botaniki – Anny Atkins i Karla Blossfeldta, a także w tradycji fotografii eksperymentalnej, poczynając od Williama Henry Fox Talbota i włączając w nią Laszlo Moholy-Nagy'ego. Jednakże ja umiejscawiam tę artystkę gdzie indziej, nieco obok głównego nurtu, na mieliźnie, tam gdzie woda staje się o wiele bardziej mętna. W świecie mistycznych obserwatorów przyrody, przekonanych, że przypadkowe wzory ukazywane przez zjawiska przyrodnicze nie są przypadkowe, ale dowodzą istnienia bardziej spójnej rzeczywistości, dziejącej się poza tym, co widzialne, rzeczywistości, w której uczestniczą rzeczy wszelkie. Myślę tu o fotogramach będących dziełem dramaturga Augusta Strindberga, a przedstawiających kryształy śniegu, w których bezpośrednim środkiem wyrazu jest lód. Jest to tradycja kontynuowana przez artystów współczesnych, między innymi przez angielską fotograficzkę Susan Derges, która tworzy swoje fotogramy w rzekach i na brzegach morza, umieszczając papier fotograficzny pod powierzchnią wody.

Jednakże pragnienie znalezienia dowodów na istnienie rzeczy niespotykanych w przyrodzie sięga poza sferę dokumentowania światła, zapisu talbotowskim „ołówkiem przyrody". Wykracza ono poza formalny transcendentalizm amerykańskich fotografików - Minor White'a i Ansel Adamsa. W „Afterimage" Renaty Buziak oryginalna odbitka jest zapisem warunków czasu i okoliczności fizycznych, okresu trwania rozkładu i wtapiania się w rzeczywistość, którą ma rejestrować. Odbitka zyskuje status synekdochy, w znaczeniu poetyckim, reprezentując wszystkich nas, którzy jako istoty ludzkie, podlegamy tym samym siłom oddziaływującym na naszą skórę.

Postrzegam tę próbę fotografowania poza jej ograniczeniami jako środka przedstawiania w postaci świętego Grala modernizmu. Traktujemy fotografię jako skrajnie dystansujące medium, medium współczesne par excellence, przypieczętowujące melancholijne porozumienie z tym co rzeczywiste, dostępne wzrokowi, ale uniemożliwiające bardziej bezpośrednią, intymną wiedzę, wiedzę, która w jakiś sposób wykracza poza subiektywność. Nasza szkoła fotografii współczesnej uważa, że jej zadaniem jest określenie miary tego dystansu, albo też zbadanie warunków spekulatywności. W zaniechaniu kontroli znaleźć można chłodny komfort i zimną godność. Ale być może na tym etapie gry potrzeba nam czegoś więcej od sztuki aniżeli jedynie uczciwości.

Nie restytucji złudzenia, że każdy z nas stanowi centrum wszechświata, będącego nagrodą dla nas jako gatunku ludzkiego. Przedstawiona przez Renatę Buziak analogia ciała fotograficznego z ciałem naturalnym (pomijam tu kwestię wersji reprodukowanych cyfrowo) dotyczy w mniejszym stopniu wyrażania siebie czy badania natury aniżeli przyznawania się do słabości. Ta słabość, uchwycona przez artystkę w „Afterimage" jest jej odgrywaniem, naprawdę – jest piękna i nieunikniona. Jest to źródło bliskiej więzi istniejącej między człowiekiem i światem, i być może bodźcem do wzmożonego poczucia odpowiedzialności.

Lyle Rexer

Wydział Fotografii, School of Visual Arts, Nowy Jork.

Renata Buziak: Floribundum in extremis

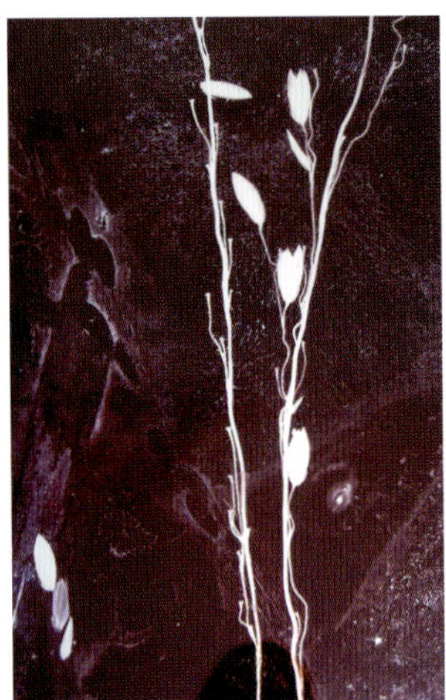

Grass IV
2007 / 86x56cm / Type C Print

In his history of flower photography from 1835 to 1991, *Flora Photographica*, William Ewing makes the overarching point that there is usually a dominant ethos in play behind the creation of images, but that the process of style, technique and content of botanical photography is evolutionary, and that a number of photographers can be seen as transitional figures[i]. Renata Buziak is such a figure, and her work bears considerable scrutiny, as it has much to tell us about where we have come from and where we are headed in photography- a truly avant-garde practice. The combination of factors and issues that Buziak incorporates within her practice is exceptional. Rather than one dominant conceptual ethos, she has many. Technically, she ranges between extreme analogue and digital methods in a single image. Most significant of all, her innovative way of working proceeds from an authentic and coherent sensibility.

Intersections and interrelationships with photographic history abound in Renata Buziak's botanical ouvre. Overall, the work is full of subversion, but it is gentle and cooperative as well as radical. Even the earliest photographic genres are given respect. Shirley Sherwood claims that botanical painting "is motivated by complex cultural and aesthetic considerations that extend far beyond questions of style and technique". ...[It] demands not only the mastery of an extremely sophisticated pictorial technique but also the engagement in a dialogue with the past, examining the history of an art and science that is as antique as it is illustrious, in order to understand the interrelationships and points of intersection"[ii]. The same can be said of photography, whose invention coincided with the prevalence of English gentleman naturalists. The very first photographs, or photogenic drawings, and earliest technical processes were arranged after the well-established style of the naturalist; with the use of isolated and partial specimens and negative silhouettes, as are many of Buziak's works. The use of shallow space and flattened perspective of early photography is also incorporated into Buziak's work, with specimens in direct contact with photographic surfaces. Here a point of departure occurs, when biological processes are set to work, then arrested, dried, scanned and enlarged. However, many elements of the final works are presented in a manner visually reminiscent of historical methods. Although never exclusively, intersections with past styles are consciously formed.

However, Buziak's contemporary vision is remarkably inclusive and complex. It includes the pictorial techniques of the early photographers at the same time as questioning the canonical essence of photographic media- a radically modernist perspective. Buziak's

Renata Buziak: Floribundum in extremis

W książce *Flora Photographica*, przedstawiającej historię fotografii kwiatów z lat 1835-1991, William Ewing stwierdza, że poza tworzeniem obrazów zwykle wchodzi w grę dominujący etos, że mamy tu do czynienia z ewolucją stylu, techniki i treści, i że można uznać niektórych fotografów z tej dziedziny za postacie przełomowe[i]. Renata Buziak jest taką postacią, a jej prace zawierają poważny element badawczy, bowiem mówią wiele o tym skąd i dokąd zmierza fotografia - prawdziwie awangardowa praktyka artystyczna. Połączenie tematów i problemów w pracach artystki ma skalę niespotykaną. Nie ma w nich jednego dominującego etosu konceptualnego - jest ich wiele. Z technicznego punktu widzenia prace te oscylują pomiędzy fotografią analogową i cyfrową, połączonymi w jednym obrazie. A co najważniejsze, nowatorskie podejście artystki wynika z jej autentycznej wrażliwości.

W twórczości botanicznej Renaty Buziak wiele jest związków i odniesień do historii fotografii. Prace jej mają charakter zdecydowanie wywrotowy; są jednocześnie subtelne i ekstremalne. Artystka odnosi się z szacunkiem nawet do najbardziej archaicznych gatunków fotografii. Shirley Sherwood twierdzi, że malarstwo botaniczne „ma swoje korzenie w złożonych uwarunkowaniach kulturowych i estetycznych, które wykraczają daleko poza kwestie dotyczące stylu i techniki… wymaga ono nie tylko mistrzostwa w stosowaniu niezwykle wyrafinowanej techniki piktorialnej, ale również zaangażowania w dialog z przeszłością, studiów nad historią sztuki i nauki, celem zrozumienia owych odniesień i punktów stycznych"[ii]. To samo można by powiedzieć o fotografii, której pojawienie się zbiegło się w czasie z dominacją angielskich naturalistów. Pierwsze fotografie, czy też rysunki fotogeniczne i najstarsze techniczne procesy były aranżowane na wzór obowiązującego stylu naturalistów, charakteryzującego się zastosowaniem pojedynczych lub cząstkowych okazów i zarysów negatywowych, tak jak to często widzimy w pracach Buziak. Zastosowanie spłyconej przestrzeni i płaskiej perspektywy, pojawiające się u początków fotografii, występuje także w twórczości artystki. Widzimy u niej poszczególne okazy w kontakcie z powierzchnią fotografii. Ma to swoje źródło w chwili, kiedy uruchamiane są procesy biologiczne, a potem następuje zatrzymanie, zasuszenie, skanowanie i powiększanie. Jednakże wiele elementów skończonych prac przedstawionych jest w sposób wizualnie przypominający metody historyczne. Odniesienia do stylów z przeszłości są świadome, choć nie zawsze jest to regułą.

Współczesna wizja artystki jest zaskakująco szeroka i złożona. Wykorzystuje ona techniki piktorialne pionierów fotografii, a jednocześnie kwestionuje kanoniczną istotę medium

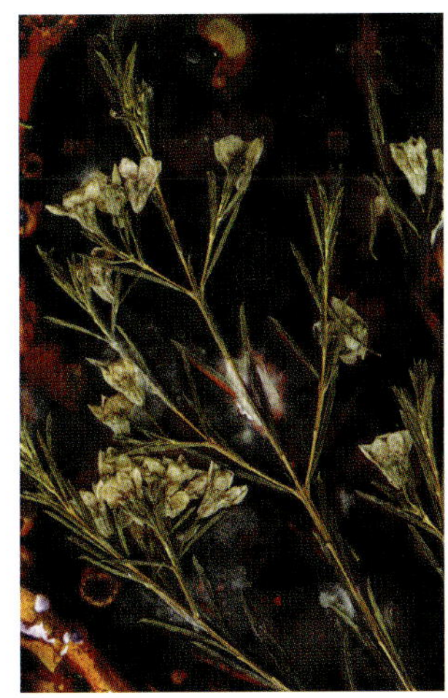

Chamelaucium uncinatum
Geraldton Wax (Aug-Sept)
(detail) 2006 / various sizes

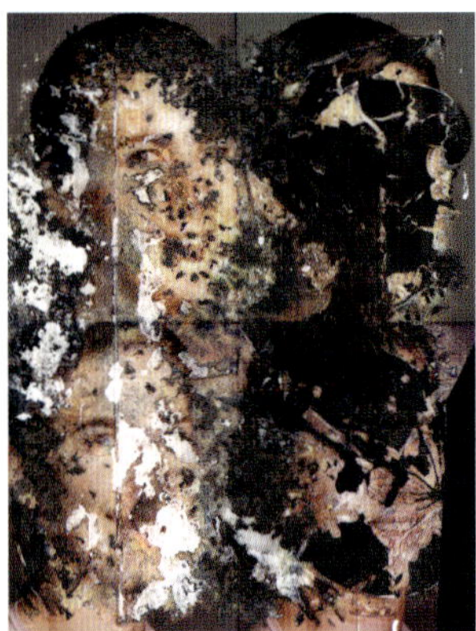

Biochrome Carys
2004 / various sizes

point of departure in her process is after the manner of the moderns, who stressed inventive methods and forced dynamic processes in their art. "When I was photographing slices of a cucumber and using the enlarger as a camera, I was strictly warned about the danger of contaminating the enlarger. This suggestion had the opposite effect on me! I started thinking and experimenting with the idea of contamination, trying everything I could think of with the materials and processes, even microwaving negatives"[iii]. The outcome of such processes has been named a "biochrome", as the image depends on interactions of the organic matter in contact with analogue (chemical) photographic surfaces[iv]. Experimentation with time, density and humidity, has harnessed the process for aesthetic purposes, but it has a level of unpredictability that makes it extremely dynamic.

Modernist photography proposed an ethos of radical techniques, a manifesto embracing chaos as a way of working, championing new technologies, and avoiding traditional significations. But while modernist photographers avoided traditional signification, Buziak has included it into her work, establishing an even wider dialogue of recessive meaning. By being inclusive, she has solved a complex dilemma that was put forward by Goethe, who made the distinction between the floral artists and draughtsmen [sic] who satisfy the desire of the garden lovers by capturing superficial beauties or the far more difficult work of portraying the true nature of his [sic] subject[v]. Both are worthy subjects, according to Buziak, and in union. Her work achieves a balance of the appreciation of nature's beauty and form as well as a fascinated exploration of nature's true physical character in its decay. It upholds traditional chemical processes at the same time it diametrically alters them- indeed, they are an integral part, a core value if you like, of her image outcomes.

Buziak has gone beyond the world of surface appearances that has dominated photography, especially botanical photography. Part of her strategy involves a gentle subversion of the sentimentality of previous eras of floral imagery. However, Buziak also has an awareness, as Ruskin enthuses, that "flora is an envoy of mysteries and presences innumerable; if you can paint [or photograph] one leaf, you can paint the world"[vi]. Dürer painted his large piece of turf. Darwin confirmed life's paradigm shift in a square meter of his grounds in Kent. In Buziak's world, nature is intensely personal, and she extrapolates every meaning from it. "The subject of nature is the one that resonated with me. I was also much taken with Lyle Rexer's idea of contemporary photographers using old processes as being antiquated avant-garde"[vii]. Initially using things collected from her garden in Brisbane as a starting point, Renata Buziak exploited the physical and molecular attributes of de-composing plant matter on a range of analogue photographic materials. By these methods, she has developed and employs "ecological viewpoint". In her own words, Buziak is "providing fotografii - to radykalnie modernistyczna perspektywa. Punktem wyjścia w procesie tworzenia jest dla niej maniera modernistów, którzy podkreślali w swojej sztuce odkrywcze metody i przymusowe procesy dynamiczne. „Kiedy fotografowałam plasterki ogórka i używałam do tego powiększalnika w funkcji aparatu, ostrzegano mnie surowo przed niebezpieczeństwem zanieczyszczenia sprzętu. Uwaga ta wywarła wręcz przeciwny skutek! Zaczęłam skupiać się na procesie zanieczyszczania i podjęłam eksperymenty w tym zakresie. Próbowałam wykorzystać tu wszystkie materiały i procesy, jakie tylko przychodziły mi do głowy, łącznie z wkładaniem negatywów do mikrofalówki"[iii]. Rezultat tego rodzaju procesów zyskał miano „biochromu" ze względu na to, że obraz zależny był od interakcji materii organicznej, która następowała w zetknięciu z analogowymi (chemicznymi) powierzchniami fotograficznymi[iv]. Eksperymentowanie z czasem, gęstością i wilgotnością stanowi wykorzystanie procesu w celu estetycznym, ale ma ono w sobie też pewien poziom nieprzewidywalności, który niezwykle je dynamizuje.

Fotografia modernistyczna proponowała etos technik radykalnych; był to manifest akceptujący chaos jako metodę pracy, wspomagającą nowe techniki i unikającą tradycyjnych znaczeń. Podczas gdy modernistyczni fotografowie unikali tradycyjnych znaczeń Buziak włącza je do swoich prac, ustanawiając jeszcze szerszy dialog recesywnych znaczeń. Czyniąc to rozwiązuje złożony dylemat przedstawiony przez Goethe'go, który wprowadził rozróżnienie pomiędzy artystami florystami i rysownikami [sic], którzy wychwytując powierzchowne piękno lub podejmując znacznie trudniejsze dzieło portretowania prawdziwej natury tematu spełniają marzenia miłośników ogrodów[v]. Według Buziak obydwa tematy są warte uwagi i pozostają ze sobą w związku. Udaje się jej zachować równowagę między zachwytem nad pięknem przyrody wraz z jej formami i eksploracją autentycznego fizycznego charakteru przyrody w stanie rozkładu, który ją fascynuje. Mamy tu do czynienia z przestrzeganiem tradycyjnych procesów chemicznych, jednocześnie ich diametralną zmianą - w istocie stanowią one tu część integralną, lub sedno tego, co wynika z jej obrazów.

Renata Buziak wykracza poza obszar form powierzchni, które zdominowały fotografię, a w szczególności fotografię botaniczną. Częściowo strategia artystki polega na delikatnym „odwróceniu" sentymentalizmu dawnych epok w postrzeganiu flory. Jednakże ma ona również świadomość, która pozostaje w zgodzie z zachwytami Ruskina, że „flora to emisariusz niezliczonych tajemnic i obecności; jeżeli potrafimy namalować (lub sfotografować) jeden liść, to znaczy, że potrafimy namalować cały świat"[vi]. Dürer namalował fragment łąki. Darwin potwierdził przesunięcie paradygmatu życia na jednym metrze kwadratowym w swojej posiadłości w hrabstwie Kent. W świecie Renaty Buziak przyroda traktowana jest niezwykle osobiście, i artystka wydobywa z niej każde możliwe znaczenie. „Przyroda jest tematem, który rezonuje we mnie. Ujęło mnie także sformułowanie Lyle Rexera,

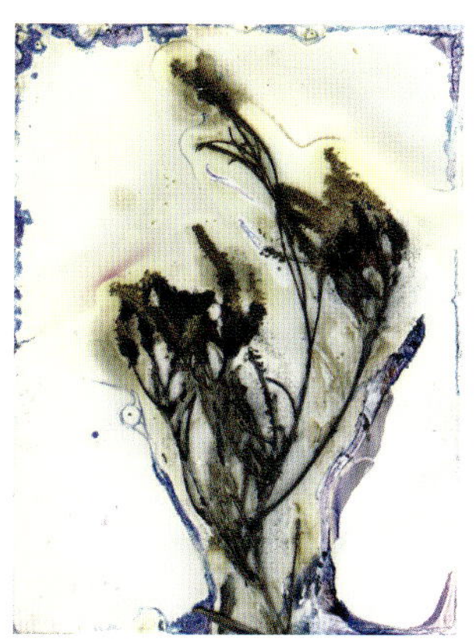

Grevillea didymobotrya (Aug-Sept)
2006 / various sizes

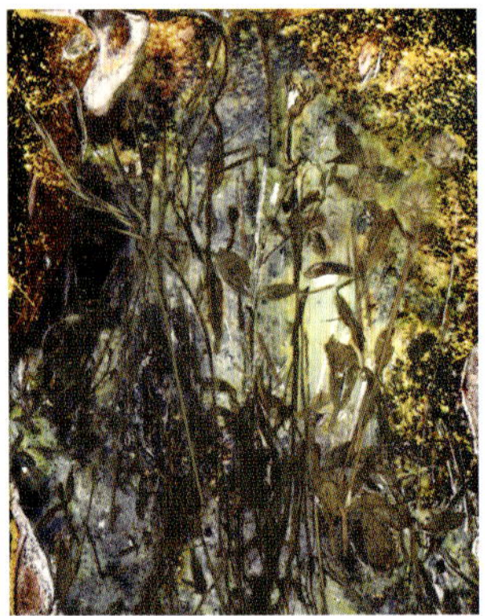

Biochrome No 1
2004 / various sizes

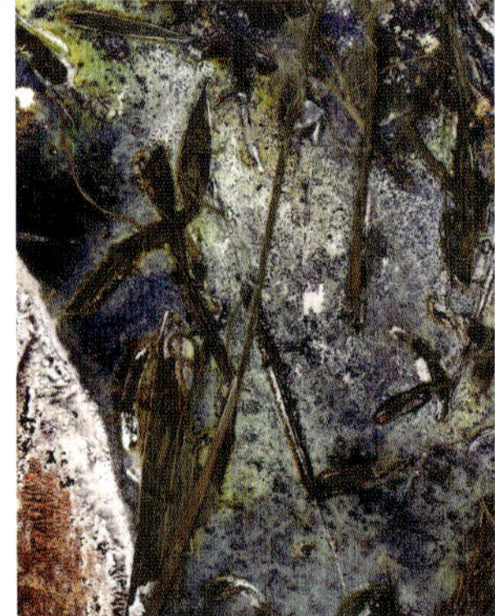

Biochrome No 1 (detail)
2004 / various sizes

environments specific to particular bacterial communities, which in turn offer diverse results" (p. 21)[viii].

The physical interaction of materials is one of collision and damage, yet in its formal attributes, the results provide us with images of beauty- of colour and pattern and space, indeed the entire spectrum of aesthetic form. From the natural to the abstract, the relationship of science and art are closely intertwined, and Renata Buziak probes this potential as carefully as any husbandman. But while she harnesses biology, chemistry and natural sciences in her practice, her intentions are adamantly aesthetic. There is a certain paradox between microbial destruction of photo materials used as a photographic process (p. 22)[ix]. Yet, in the work, she maintains a satisfying tension between the morbid qualities of the process, the purely abstract qualities and aspects of representation. While not intended as reference material for the botanist or designer, the work holds such content latent in its forms. In some, such as *Biochrome No 1*, 2004, we can clearly identify the positive representations and also see an extension of natural forms into a purely abstract realm, where an infinite number of subtle variations is revealed in the detail.

While in residency at the Mount Coot-tha Botanic Gardens in 2006, Buziak had access to any of the plants she wished, but her emphasis was on native species. Here, she was pushing the abstract/representational divide, or perhaps we should say union to express what to her was both a familiar and simultaneously strange personal sensation- one of migration. Of course, to the indigenous, native species are naturally imbued with familiarity, but as a migrant, it is a situation that Buziak describes as "unnatural, even though it happens a lot in our time"[x]. Her early years in Poland, where her extended family shared a life of planting, tending and harvesting fruits, vegetables and flowers, set up a deep and significant bond that she carried with her into the southern hemisphere. "Coming to another part of the world, I was surprised that most gardens were designed only to please rather than also feed the family; I was taken by the beauty of native plants and trees flowering at all times of the year"[xi]. The positively amazed response to her work at the exhibition at Queensland Herbarium that completed her residency at the Mount Coot-tha Botanic Gardens was that they had seen "nothing like it"[xii]. In a lovely turn around, the plants were presented back to their culture as both familiar and strange, essentially requiring a new vision.

Significantly, the technical process is not limited to the analogue characteristics that define its inception. The final process includes digital processes of scanning, editing and printing. Several advantages of the contemporary technology are exploited. Extreme high resolutions during the scanning preserve the original visual integrity of the biological określające współczesnych fotografików, używających dawnych technik jako staroświecką awangardę"[vii].

Na samym początku swojej drogi artystycznej Renata Buziak robiła użytek z tego, co znajdowała w swoim ogrodzie w Brisbane. Wykorzystywała fizyczne i molekularne atrybuty rozkładającej się materii roślin, stosując szerokie spektrum analogowych materiałów fotograficznych. Stosowanie tych metod doprowadziło ją do stworzenia i rozbudowania „ekologicznego punktu widzenia". Innymi słowy, Buziak „stwarza środowisko dla wybranych społeczności bakterii, przynoszących zróżnicowane rezultaty" (p. 21)[viii].

Fizyczna interakcja materiałów ma charakter zderzenia i zniszczenia, jednakże od strony formalnej przynosi nam obrazy piękna - koloru, wzorów i przestrzeni. Jest to zaiste pełne spektrum formy estetycznej. Przeplatają się tu ściśle związki pomiędzy nauką i sztuką - od tego, co naturalne do tego, co abstrakcyjne. A Renata Buziak poddaje ten potencjał starannym próbom niczym doświadczony rolnik. Jednakże choć łączy w swojej praktyce artystycznej biologię, chemię i nauki przyrodnicze, to jednak jej zamierzenia mają charakter zdecydowanie estetyczny. Istnieje pewien paradoks w zniszczeniu przez mikroby materiału fotograficznego wykorzystywanego w procesie fotograficznym[ix]. Mimo to udaje się jej utrzymać odpowiednie napięcie między mrocznym charakterem procesu i czysto abstrakcyjną naturą przedstawiania. Choć jej prace nie mają być materiałem, do którego mieliby się odwoływać botanicy czy projektanci, to treści te ukryte są w ich formie. W niektórych z nich - np. *Biochrome No.1*, 2004, wyraźnie daje się zidentyfikować pozytywne przedstawienia, ale również zobaczyć przeniesienie form naturalnych w świat czysto abstrakcyjny, gdzie w szczegółach ukazana jest nieskończona ilość subtelnych wariacji.

Podczas rezydencji w Mount Coot-tha Botanic Gardens w roku 2006 Renata Buziak miała dostęp do wszystkich roślin, o jakich tylko mogła zamarzyć, ale skupiła się na gatunkach miejscowych. Przesuwała granice podziału między tym, co abstrakcyjne i przedstawiające, a może należałoby powiedzieć granice połączenia, aby wyrazić to, co jest jej jednocześnie bliskim i obcym osobistym odczuciem, wynikającym z faktu emigracji. Oczywiście miejscowe gatunki są w sposób naturalny nacechowane bliskością, ale ponieważ artystka jest emigrantką, sytuację tę opisuje jako „nienaturalną, chociaż w naszych czasach zdarzającą się bardzo często"[x]. Pierwsze lata życia spędzone w Polsce, gdzie jej dalsza rodzina zajmowała się sadzeniem, doglądaniem i zbieraniem owoców, warzyw i kwiatów, stworzyły silną i ważną więź, którą zabrała ze sobą i przeniosła na półkulę południową. „Kiedy przeprowadziłam się na inny kraniec świata, zdziwiło mnie to, że większość ogrodów była tu aranżowana jako miejsca tylko dostarczające przyjemności, a nie służące również

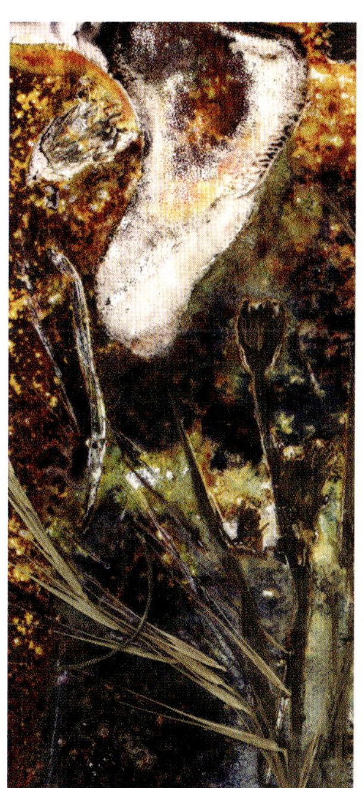

Biochrome No 1 (detail)
2004 / various sizes

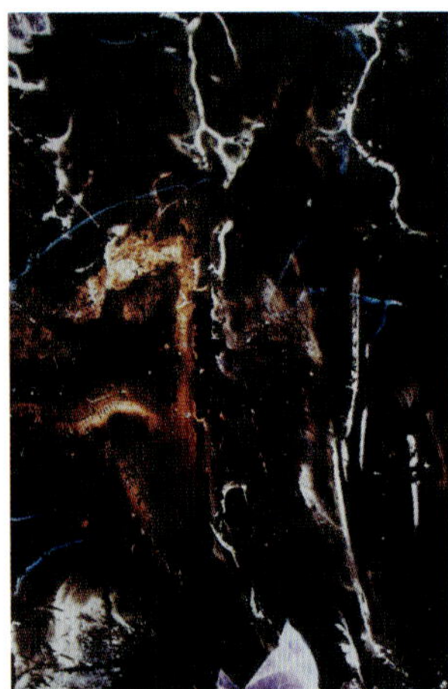

Supernova Remnant
2005 / 80x50cm / Type C Print

processes. The quality of state of the art ink-jet printing, with the use of natural pigments and dedicated rag papers allows a luminosity of surface and colour that defines the essence of master photography. Editing involves the precise selection of imagery to suit the expressive aims of each series. And just as the technical process is brought forward into the contemporary, so too is the much larger than life scale of the final images that current photography tends to embrace. At one to two square meters on average as single or composite images, our awareness of magnified detail is assured. At the same time, the scale refers back to history, invoking the microscopic fascination of the naturalist and at least one of the earliest photographers of flora, Roger Fenton, whose larger than life images began the signification of grand scale to artistic intention[xiii].

Thus, a fertile environment has been created, quite literally, as a place in which spectrums of photographic concepts can be exercised. The overall effect can be seen as undifferentiated in the sense that all her processes are developed from iterative and personal resonances that Buziak senses along the way- a rightness or fit between her experience and the aesthetic coding of the physical properties of an image. This coding can be identified through the creation of her titles, which locate the images in various contexts of her experience- either memories of events and impressions, such as *Hay and Ash*, 2009, which perfectly evokes scenes from her childhood visits to auntie Ala's farm. The colours, textures and even smells of harvest and bonfires swirl about before us. Or imaginative dreaming, such as found in the "Micro-Cosmic" series, or the actual world of nature, such as found in her grevilleas.

Grevillea pteridifolia, 2006 reveals the native plant in flower, as were all the works done over almost a year in 2006. The central flower is very apparent, and it is presented incumbent on a bed of microbial activity in the vague shape of a heart. The final 'arrangement' of the figure and ground cannot be exactly predicted, but the significant elements were gathered either physically or conceptually, and intentionally worked into the image. Previously the artist had done some aerial photographs over Manchester Lake in South East Queensland, and was struck with the association of forms that can be made from such a change in viewpoint. Thus the reference to 'heart-land' became part of the piece.

In another image, *Grevillea dryandri subsp dryandri*, 2006, a different landscape form is incorporated. The sweeping dunes and hills of the coastal fringe are referenced alongside the flower, and the flower echoes the patterns of winds and waves that are so characteristic here. The liquidity of Buziak's unique process adds to such associations and the artist works cooperatively but intentionally with its effects.

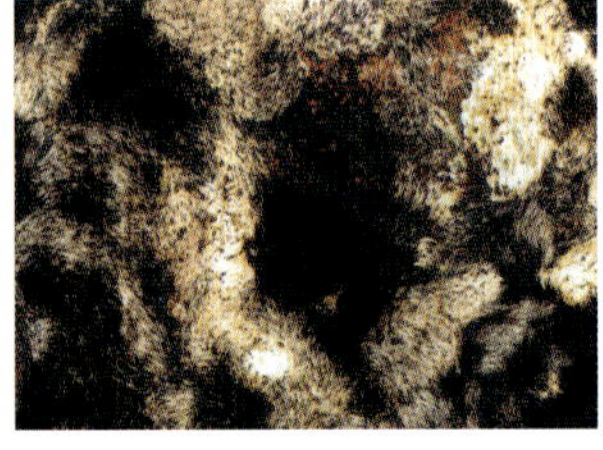

Hay & Ash (Siano i Popiół)
2009 / 50x70cm

wyżywieniu rodziny. Zachwyciło mnie piękno roślin i drzew, kwitnących bez przerwy przez cały rok."[xi]. Jej wystawa w Queensland Herbarium na zakończenie rezydencji w Mount Coot-tha Botanic Gardens spotkała się z zaskakująco pozytywnym oddźwiękiem: „Nigdy nie widzieliśmy czegoś takiego"[xii]. Niezwykłe odwrócenie punktu widzenia ukazało rośliny jako bliskie i zarazem obce, wprowadzało je do miejscowej kultury w zupełnie nowej perspektywie. Ważne było to, że proces techniczny nie został ograniczony do fotografii analogowej, wyznaczającej jego początek. Na proces końcowy składają się cyfrowe skanowanie, obróbka i odbitka. Artystka wykorzystuje w pełni dobrodziejstwa współczesnej techniki. Wyjątkowo wysoka rozdzielczość podczas skanowania pozwala na zachowanie pierwotnej, wizualnej integralności procesów biologicznych. Charakter druku atramentowego i zastosowanie naturalnych pigmentów i specjalnych papierów wydobywa świetlistość powierzchni i koloru, określających istotę fotografii mistrzowskiej. Obróbka to precyzyjny wybór obrazów, odpowiadających temu, co ma wyrażać poszczególny cykl. I tak samo jak proces techniczny zbliża się do współczesności, tak samo obecna fotografia skłania się ku formatom znacznie większym niż wielkość naturalna fotografowanego przedmiotu. Przeciętny format jednego-dwu metrów kwadratowych w przypadku pojedynczego lub złożonego obrazu gwarantuje świadomość powiększonego szczegółu. A jednocześnie skala obrazu ma swoje źródła historyczne, odwołując się do fascynacji naturalistów, tym, co mikroskopijne, a co najmniej do jednego z pionierów fotografii roślinności - Rogera Fentona, którego fotografie o formacie większym niż skala naturalna wprowadziły do sztuki znaczenie dużej skali obrazu[xiii].

Zatem stworzony został dosyć dosłownie podatny grunt jako miejsce, w którym można było wypróbowywać szerokie spektrum koncepcji fotograficznych. Uzyskane efekty mogą być postrzegane jako niezróżnicowane w tym sensie, że wszystkie zastosowane procesy mają swe źródła w wielokrotnym i osobistym oddźwięku, które artystka wyczuwa przez cały czas - to, że doświadczenie i estetyczne kodowanie fizycznych właściwości obrazu pasują do siebie lub odpowiadają sobie.

Kodowanie to jest rozpoznawalne w tytułach prac, które umiejscawiają obrazy w różnych kontekstach doświadczenia artystki - wspomnieniach pewnych wydarzeń i wrażeń - np. *Hay and Ash*, 2009, który jest doskonałym przywołaniem scen z dzieciństwa, kiedy Renata odwiedzała gospodarstwo cioci Ali. Kolory, faktury, a nawet zapachy żniw i ogniska stają przed nami jak żywe. Czy też fantazyjne sny - te z cyklu „Micro-Cosmic", lub prawdziwy świat przyrody, który znajdujemy w jej grevilleach.

Grevillea pteridifolia, 2006, ukazuje kwitnącą roślinę australijską, tak zresztą jak wszystkie prace, które wykonała w roku 2006. Kwiat umieszczony centralnie jest bardzo oczywisty;

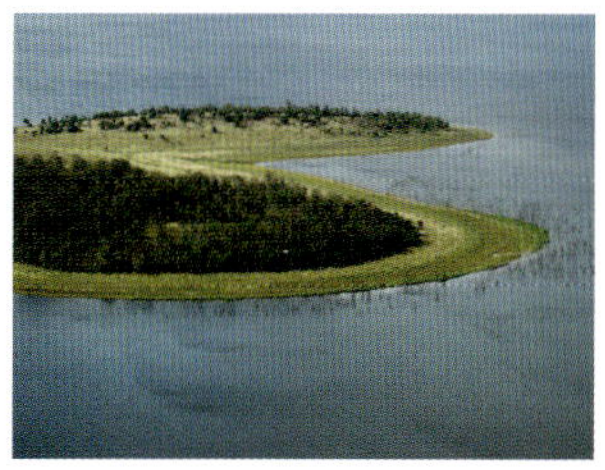

Heart Island
2004 / 12x9cm / Type C Print

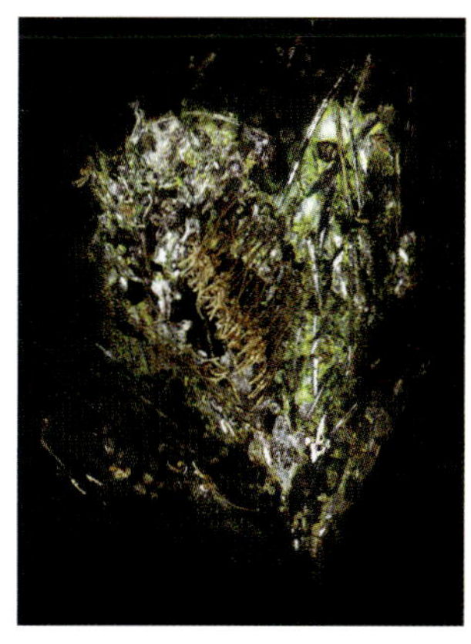

Grevillea pteridifolia (June-July)
2006 / various sizes

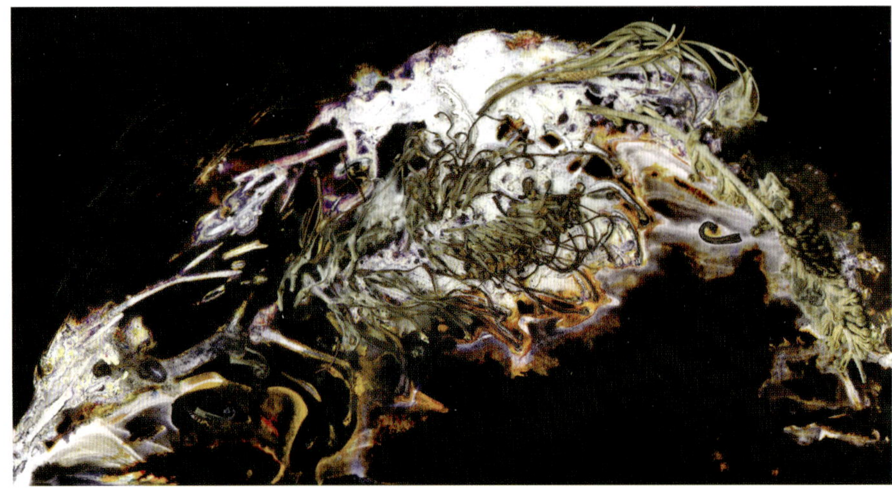

Grevillea dryandri subsp. *dryandri*
(March-April) 2006 / various sizes

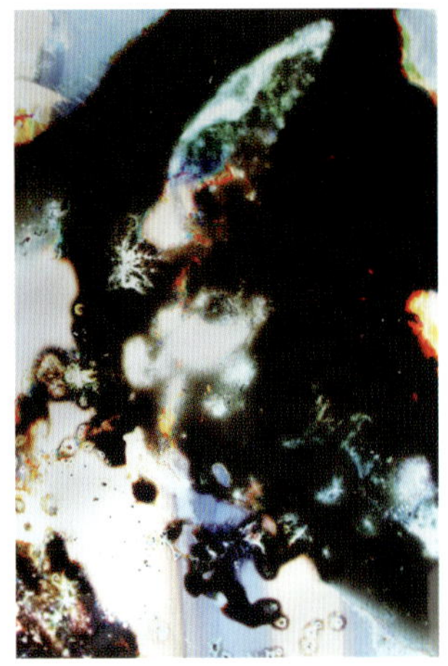

Cosmic Jewel Box
2005 / 125x86cm / Type C Print

It is in the abstract context that many of Buziak's codes are found, although a complete reading of the work rests upon its naturally formed foundations. As we have seen within the selection of images and parts of images for scanning, different theories may be working. For example, in the "Micro-Cosmic" series, the resulting bacterial abstraction on small pieces of film is aligned with an inner vision that parallels the microscopic with that of outer space. "If I could go into Space, I would, but I found that using materials and processes on this scale meant I could create my own cosmos, ...name my own galaxies"[xiv].

In the series, "Fusion/Division", digital reinforcement of life's basic function is echoed in the image construction. "There is something about the idea of dividing and connecting- cellular activity- in the image"[xv]. The cross section of the original biological process has been chosen for its associative power- that of tissue and sinew, the right and left sides of our ideal symmetrical selves that we are attracted to- the perfect balance that we desire, but rarely find.

Similarly, Buziak creates her own landscapes and seasons of times past. In her "Afterimage" series, she employs "chance, microbes, time and specific plants... [to] evoke and find contemporary forms for the emotional landscapes of her childhood in Poland. ...It is this emotional space, this childhood intensity, to which she is trying to give form"[xvi].

How does this work? In *Ice Pond*, 2009, the image visually holds the "frozen" leaves on its surface, with the illusion of water pooling under it, which is referenced in the liquid widzimy go jak spoczywa na łożu działania mikrobów i ma niejednoznaczny kształt serca.

Nie da się dokładnie przewidzieć ostatecznego „ułożenia" figury i ziemi, ale ważne elementy zebrane zostały bądź to fizycznie, bądź koncepcyjnie i celowo przekształcone w obraz. Kiedy nieco wcześniej artystka fotografowała z góry jezioro Manchester w South East Queensland, uderzyło ją skojarzenie form wynikające ze zmiany punktu widzenia. Dlatego też odniesienie do „heart-land" (kraina bliska sercu) stało się także elementem pracy.

Do kolejnej realizacji *Grevillea dryandri subsp dryandri*, 2006, artystka włączyła inną formę krajobrazową. Rozległe wydmy i wzgórza, ciągnące się wzdłuż wybrzeża, traktowane są tu jako odwołanie do kwiatów, a kwiaty są odbiciem form wiatrów i fal, charakterystycznych elementów tutejszego pejzażu. Płynność unikalnego procesu stosowanego przez Renatę Buziak wzmacnia takie skojarzenia, a sama artystka celowo i konsekwentnie wykorzystuje takie efekty.

Wiele kodów odnajdujemy również w kontekście abstrakcyjnym, chociaż pełna interpretacja prac opiera się na naturalnie ukształtowanych podstawach. Tak, jak to już zaobserwowaliśmy przy wyborze fotografii i ich fragmentów przeznaczonych do skanowania, różne teorie mogą znaleźć tu zastosowanie. Na przykład w cyklu „Micro-Cosmic" otrzymane abstrakcje „bakteryjne" na kawałeczkach filmu połączone są z wizją wewnętrzną, która jest odnajdywaniem paralel między tym, co mikroskopijne, a tym co znajduje się w przestrzeni kosmicznej. „Gdybym tylko mogła wejść w Przestrzeń to zrobiłabym to. Doświadczyłam tego, że zastosowanie materiałów i procesów na taką skalę znaczy, że mogę stworzyć swój własny kosmos…nazwać moje własne galaktyki"[xiv].

W cyklu „Fusion/Division" (Połączenie/Podział) instensyfikacja podstawowej funkcji życiowej przy zastosowaniu techniki cyfrowej znajduje swoje odbicie w budowie obrazu. „Jest coś w idei dzielenia i łączenia - działalność celularna - w obrazie."[xv]. Przekrój pierwotnych procesów biologicznych został wyselekcjonowany tutaj na zasadzie skojarzeń dotyczących tkanek i mięsni, lewej i prawej strony idealnej symetrii, która nas tak pociąga, doskonałej równowagi, której tak bardzo pragniemy, a którą tak rzadko odnajdujemy.

W podobny sposób artystka tworzy własne pejzaże i czas przynależny przeszłości. W „Afterimage" posłużyła się „przypadkiem, mikrobami, czasem i swoistymi roślinami… aby wywołać i znaleźć współczesną formę emocjonalnych pejzaży z dzieciństwa w Polsce. …To tej przestrzeni emocjonalnej, sile przeżywania, której doświadczamy w dzieciństwie stara się artystka nadać formę"[xvi].

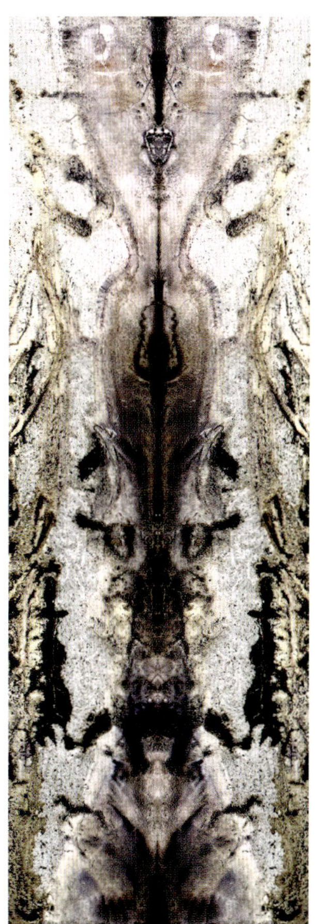

Fusion/Division III
2008 / 135x46cm

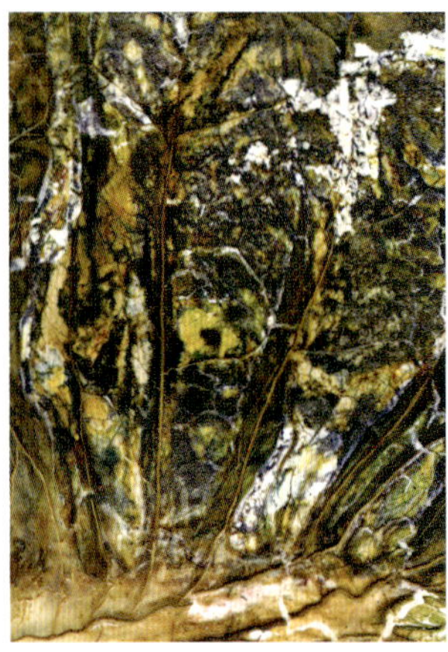

Janowskie Forests
(Lasy Janowskie) 2009 / 70x50cm

seeping into adjoining areas on the photographic paper. Again, the notion of a parallel universe is carefully crafted, with the accuracy of one who has observed precisely, and remembers deeply. The icy blue-white colour, the dark patches of decay and of surfaces wasting away, the crystallization along the fault lines of the treacherous pond. Every effect was strived for in what must be regarded as a very unstable and intuitive photographic process. It is here that Buziak displays the virtuosity of her craft, with the technique as fragile and uncertain as the subject she is portraying.

The physical process of deconstruction is stopped at a point where the viewer is clearly aware that a state of deterioration is underway. And even though the final image is in fact a still photograph, the visual energy is arresting, literally and figuratively- a state of suspended animation that implies continued deterioration, continued movement beyond the moment of framing. As the decision to stop is deliberate, so is the editing equally precise. Each selection corresponds to the mystical, symbolic and abstract qualities that can be exposed, as well as the works' natural forms.

Occasionally, one encounters an artist whose practice distinguishes her from the general ethos of contemporary photography and highlights a transition to new ways of imaging that is authentic, systematic and conceptually coherent. Renata Buziak seamlessly accounts for an entire spectrum of practices within her body of work, such as curator Zara Stanhope lists in the introduction of the group exhibition, *Botanica*- "... concerned not only with the transcription of natural qualities but also in the symbolic potency of botany- its relationship to the landscape or cultural identity, or implication in science or extrinsic applications"[xvii]. Buziak has realised work in which all histories are still with us, and rather than simply replicating a long, dry road through art history, the ideologies and referents of past practice within which the photographic medium functioned are part of the power, richness, and complexity of her present.

Victoria Garnons-Williams, PhD.

Victoria Garnons-Williams lectures at Queensland University of Technology in the Creative Industries Faculty. She was the recipient of a QUT Vice-Chancellor's Performance Award in 2009 for her outstanding work in the Faculty Core Unit, Photomedia and Artistic Practice.

Jak to działa? W *Ice Pond*, 2009, ,,zamrożone" liście są utrzymywane wizualnie na powierzchni, jednocześnie mamy złudzenie, że pod nimi zbiera się woda, do czego odniesienie stanowi płyn sączący się na przylegające doń miejsca na papierze fotograficznym. Pojęcie równoległych światów jest znowu starannie cyzelowane, z dokładnością przynależną osobie, która obserwuje uważnie i mocno zapamiętuje. Lodowaty kolor biało-niebieski, ciemne plamy rozkładu i znikających powierzchni, krystalizacja ukrytych linii zdradzieckiego stawu. Wszystkie te efekty wydobyte zostały za sprawą procesu fotograficznego, który uznać należy za bardzo niestabilny i intuicyjny. To tu Renata ukazuje wirtuozerię swego warsztatu, stosując technikę tak ulotną i niepewną jak tematy, które przedstawia.

Fizyczny proces dekonstrukcji zatrzymany zostaje w momencie, kiedy widz jest zupełnie świadomy, że za chwilę wszystko zacznie się rozpadać. I nawet mimo tego, że ostatnia fotografia jest właściwie zatrzymanym kadrem, jej energia wizualna jest zniewalająca - dosłownie i w przenośni - ten stan zawieszonego ożywienia, który sugeruje rozpad i ruch, który dziać się będzie poza chwilą ujętą w ramy kadru. Decyzja, że to już koniec, jest równie celowa, jak precyzyjna jest obróbka fotografii. Każdy wybór odpowiada mistycznym, symbolicznym i abstrakcyjnym właściwościom, które mogą być pokazane, tak samo jak naturalne formy prac.

Zdarza się spotkać artystkę, której praktyka wyróżnia ją ze świata współczesnej fotografii i unaocznia przejście do nowych sposobów obrazowania, które jest autentyczne, systematyczne i koncepcyjnie spójnie. Renata Buziak bezbłędnie uzasadnia obecność szerokiego zakresu praktyk, stosowanych w obrębie własnych prac, tak jako to pisze Zara Stanhope, kuratorka wystawy zbiorowej *Botanica* - ,,zajmuje się nie tylko transkrypcją naturalnych właściwości, ale także symbolicznej mocy botaniki - jej związku z krajobrazem i tożsamością kulturową, lub też implikacjami naukowymi i zastosowaniami zewnętrznymi"[xvii]. Renata Buziak realizuje prace, w których wszystie historie żyją nadal z nami; jej fotografie nie są jedynie odtwarzaniem długiej, pozbawionej emocji drogi, wiodącej przez historię sztuki. Ideologie i odniesienia do praktyki z przeszłości, w obrębie których medium fotografii funkcjonowało, są elementem siły, bogactwa i złożoności jej obecności.

Victoria Garnons-Williams, PhD

Victoria Garnons-Williams wykłada na Queensland University of Technology w Creative Industries Faculty. W 2009 roku otrzymała nagrodę QUT Vice-Chancellor's Performance Award za wybitne osiągnięcia w pracy w Faculty Core Unit, Photomedia and Artistic Practice.

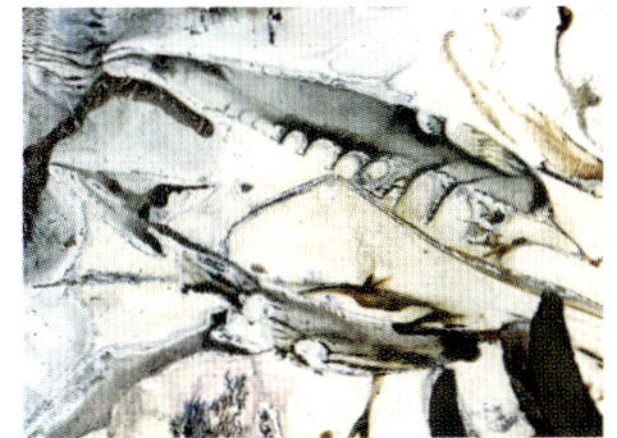

Ice Pond (Staw Lodowy)
2009 / 50x70cm

Notes:

[i] *Flora photographica: masterpieces of flower photography from 1835 to the present*, compiled by William A. Ewing, Thames and Hudson, 1991.

[ii] *A New Flowering: 1000 Years of Botanical Art*. Shirley Sherwood; with contributions by Stephan A. Harris and Barrie E. Juniper, Oxford: Ashmolean Museum, 2005.

[iii] Renata Buziak in conversation with Dr. Victoria Garnons-Williams, January 2010.

[iv] The term "biochrome" was formulated to describe the images during discussions with Buziak's Lecturer, Siegfried Manietta, at Queensland College of Art, Griffith Univeristy in 2004.

[v] Quoted in *Flowers in Art from East and West*. Paul Hulton and Lawrence Smith, London: British Museums Publications, 1979.

[vi] Quoted in *Flora photographica: masterpieces of flower photography from 1835 to the present*.

[vii] Original quotation from Lyle Rexler, *Photography's Antiquarian Avant-Garde: the New Wave in Old Processes*. New York: Harry N. Abrams, 2002. pp. 9-10.

[viii, ix] *Creation through destruction*. Renata Buziak. Brisbane: Honours thesis, Queensland College of Art, Griffith University, 2006. p. 22.

[x, xi, xii, xiv, xv] Renata Buziak in conversation with Dr. Victoria Garnons-Williams, January 2010.

[xiii] Fenton created a series of dozens of still life photographs in the 1860's that were amongst the first enlargements in photographic history.

[xvi] Marian Drew, *Afterimage: How Memories Decompose*, review of exhibition, 2009.

[xvii] Zara Stanhope, *Botanica*. Wellington: Adam Art Gallery, Victoria University, 2001.

Notes:

[i] *Flora photographica: masterpieces of flower photography from 1835 to the present*, zebrane przez Williama A. Ewinga, Thames and Hudson, 1991.

[ii] *A New Flowering: 1000 Years of Botanical Art*. Shirley Sherwood; autorzy: Stephan A. Harris i Barrie E. Juniper, Oxford: Ashmolean Museum, 2005.

[iii] Renata Buziak rozmawia z Dr Victorią Garnons-Williams, styczeń 2010.

[iv] Termin „biochrome" został stworzony celem określenia obrazów podczas dyskusji z Siegfriedem Manietta, wykładowcą Renaty Buziak w Queensland College of Art, Griffith Univeristy w 2004.

[v] Cytat: *Flowers in Art from East and West*. Paul Hulton i Lawrence Smith, London: British Museums Publications, 1979.

[vi] Cytat: *Flora photographica: masterpieces of flower photography from 1835 to the present*.

[vii] Cytat: Lyle Rexler, *Photography's Antiquarian Avant-Garde: the New Wave in Old Processes*. New York: Harry N. Abrams, 2002. str. 9-10.

[viii, ix] *Creation through destruction*. Renata Buziak. Brisbane: Honours thesis, Queensland College of Art, Griffith University, 2006. str. 22.

[x, xi, xii, xiv, xv] Renata Buziak rozmawia z Dr Victorią Garnons-Williams, styczeń 2010.

[xiii] Fenton stworzył cykl dwunastu fotografii martwej natury w latach 1860. Były to jedne z pierwszych powiększeń w historii fotografii.

[xvi] Marian Drew, *Afterimage: How Memories Decompose*, recenzja z wystawy, 2009.

[xvii] Zara Stanhope, *Botanica*. Wellington: Adam Art Gallery, Victoria University, 2001.

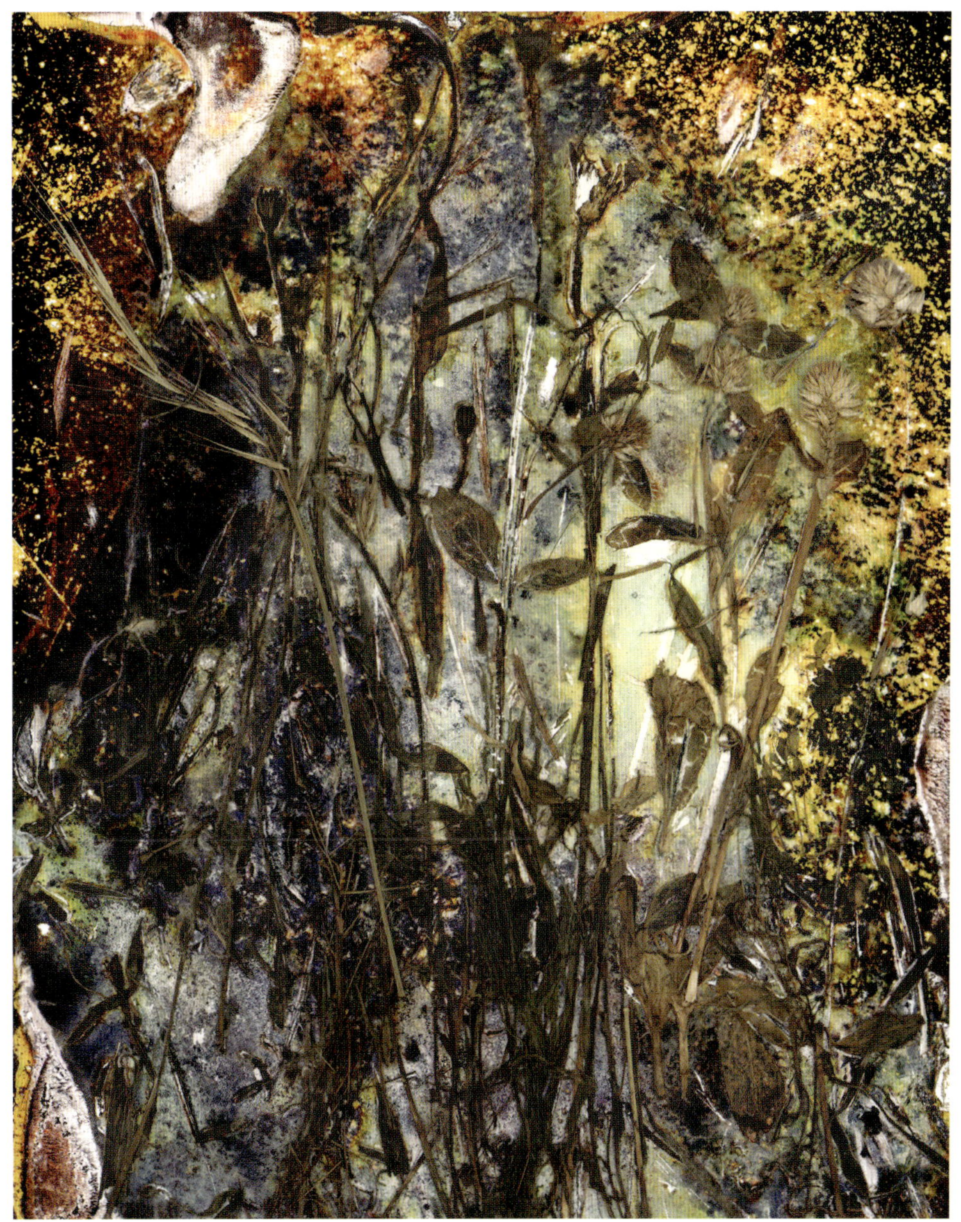

Afterimage

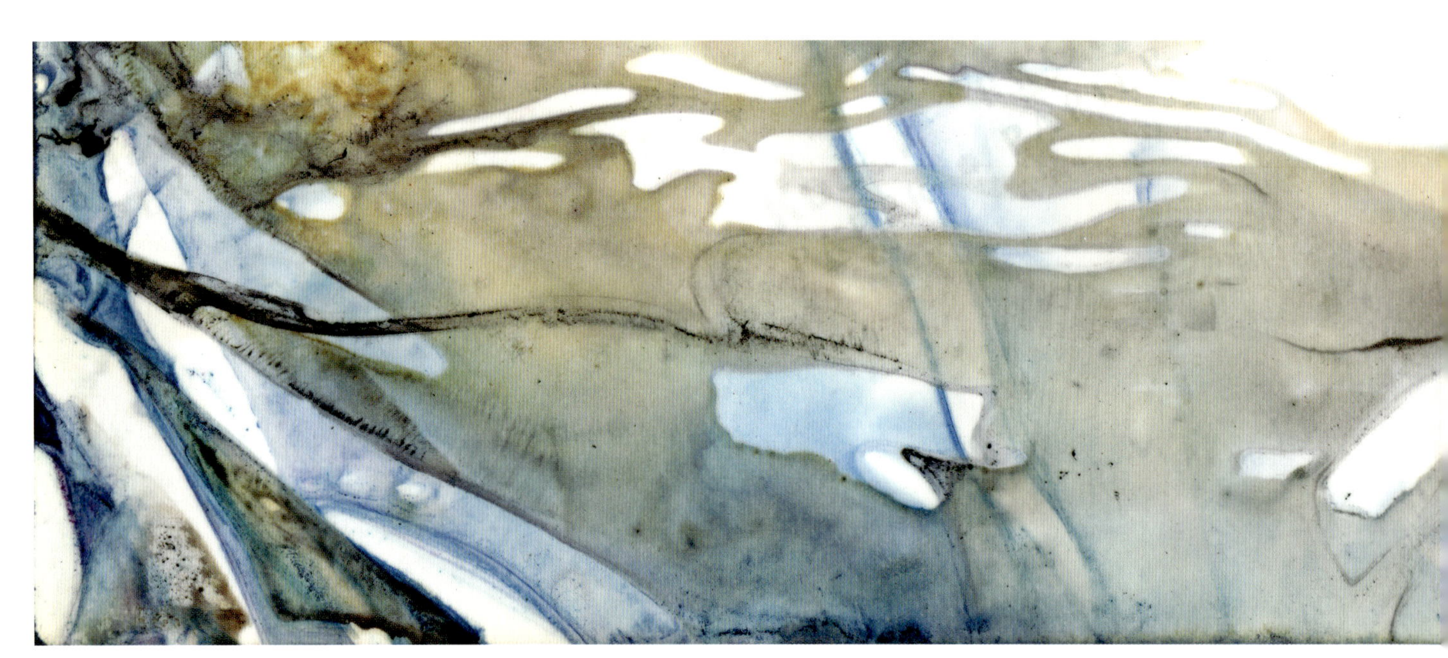

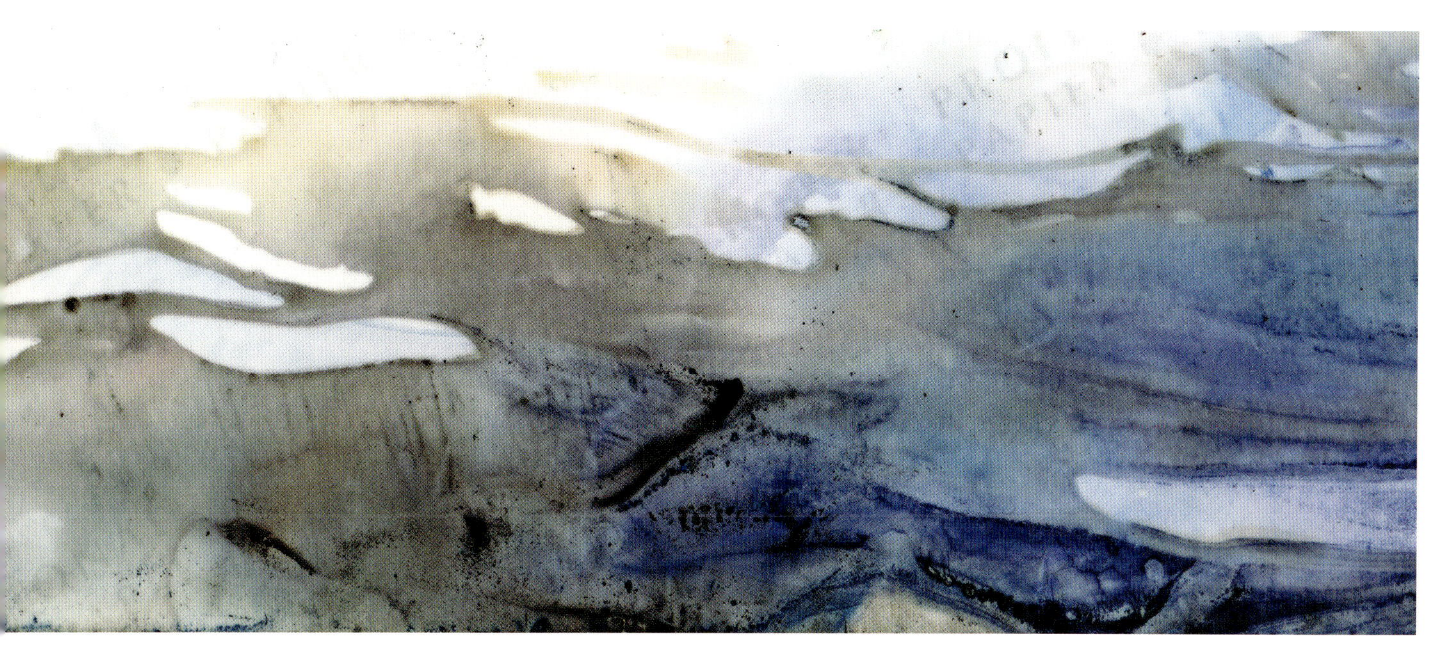

Over the Lagoon (Nad Zalewem) 2009 / 50x250cm / 30x150cm   23

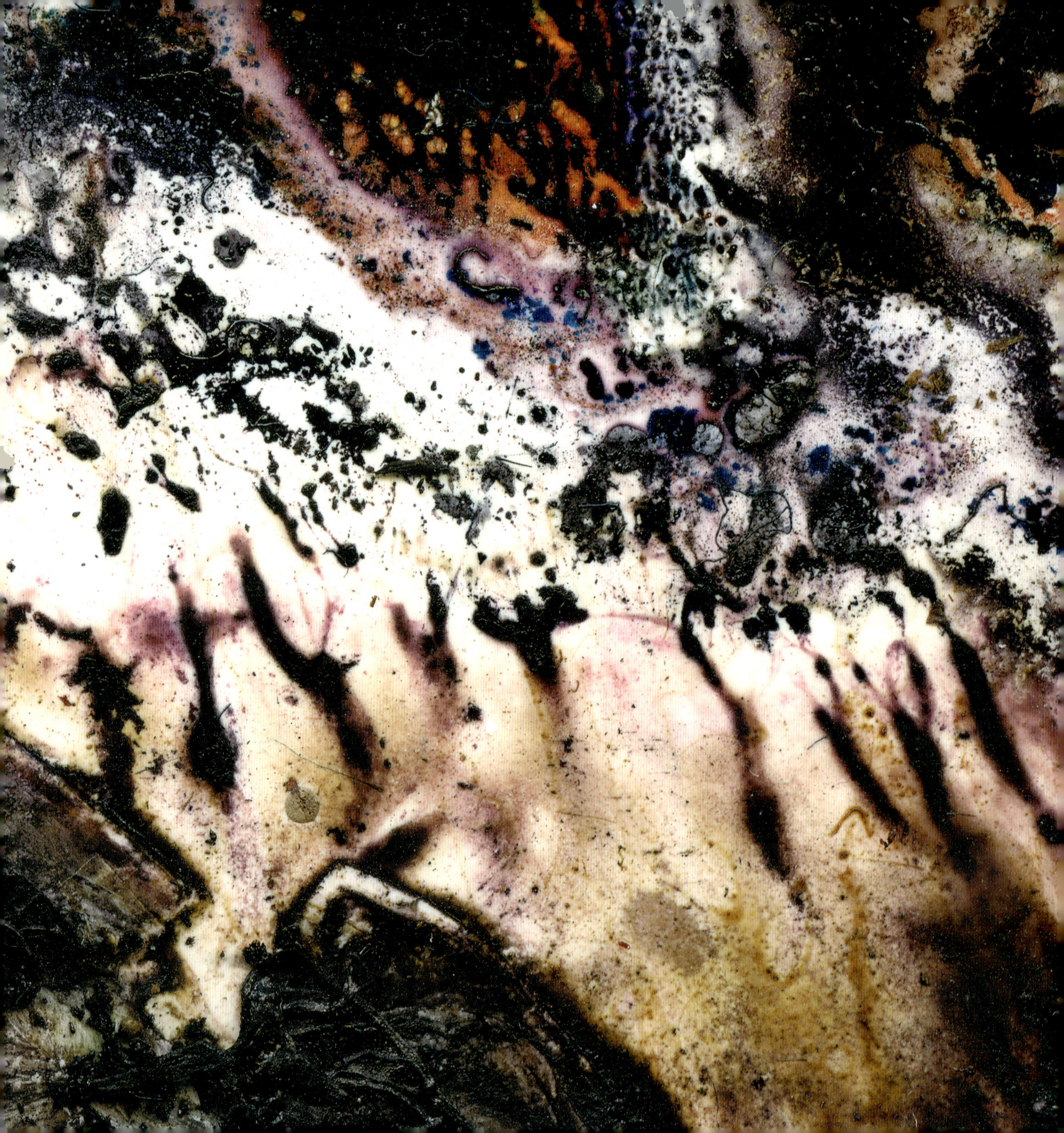

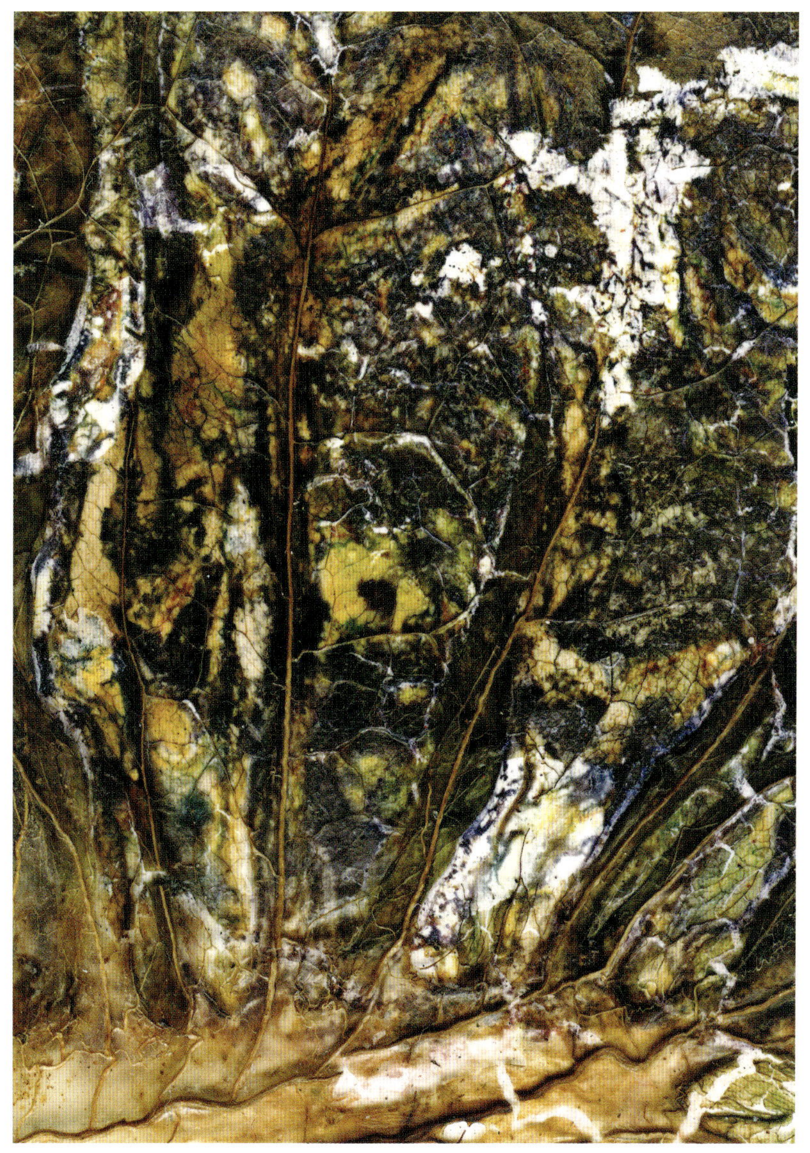

Janowskie Forests (Lasy Janowskie) 2009 / 70x50cm

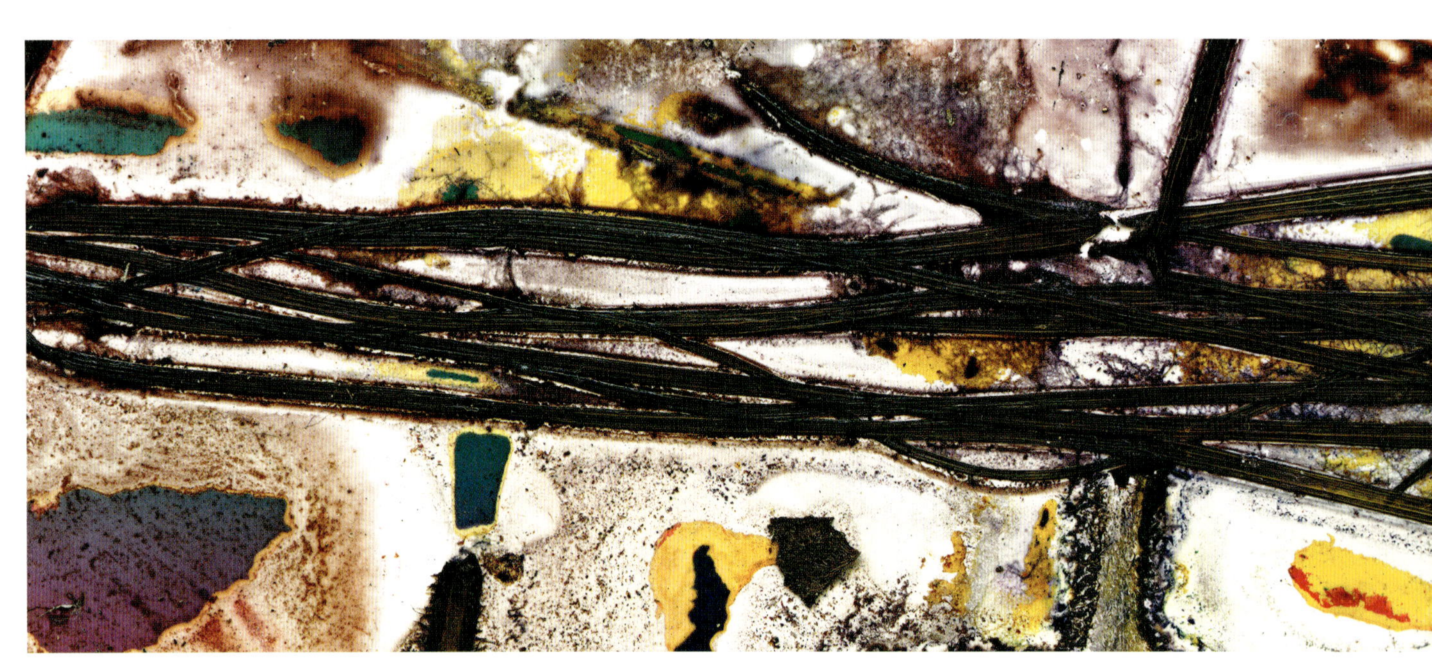

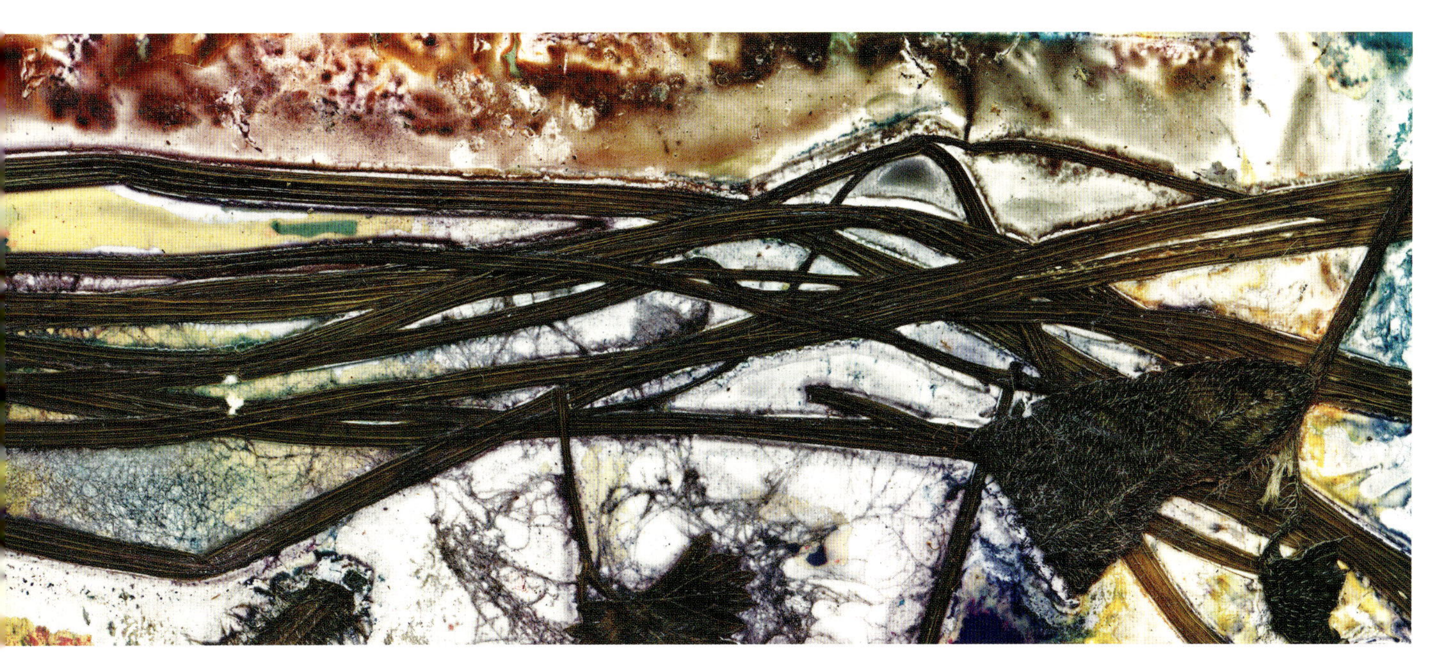

Buoyant (Na Powierzchni) 2009 / 50x250cm / 30x150cm   29

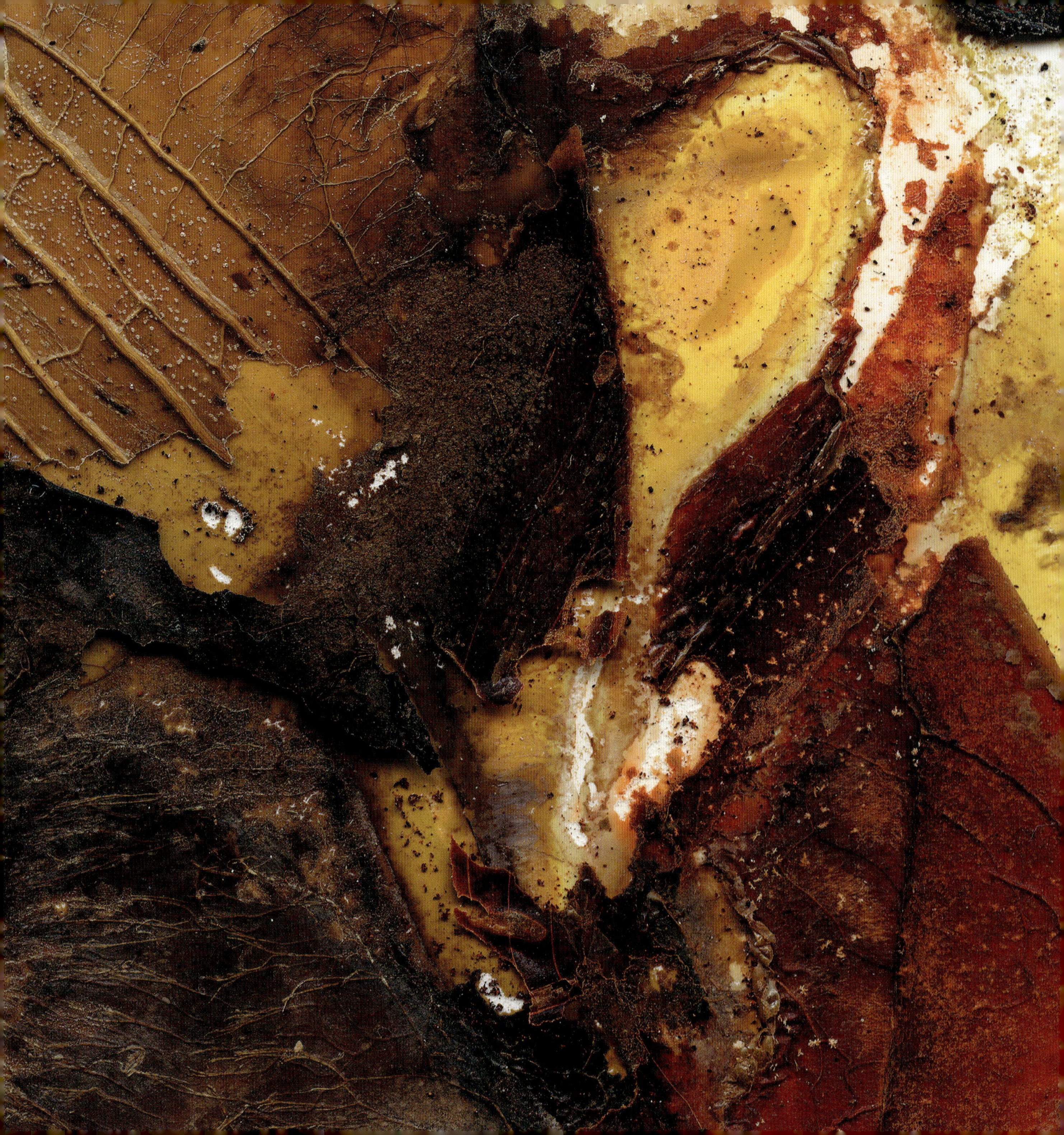

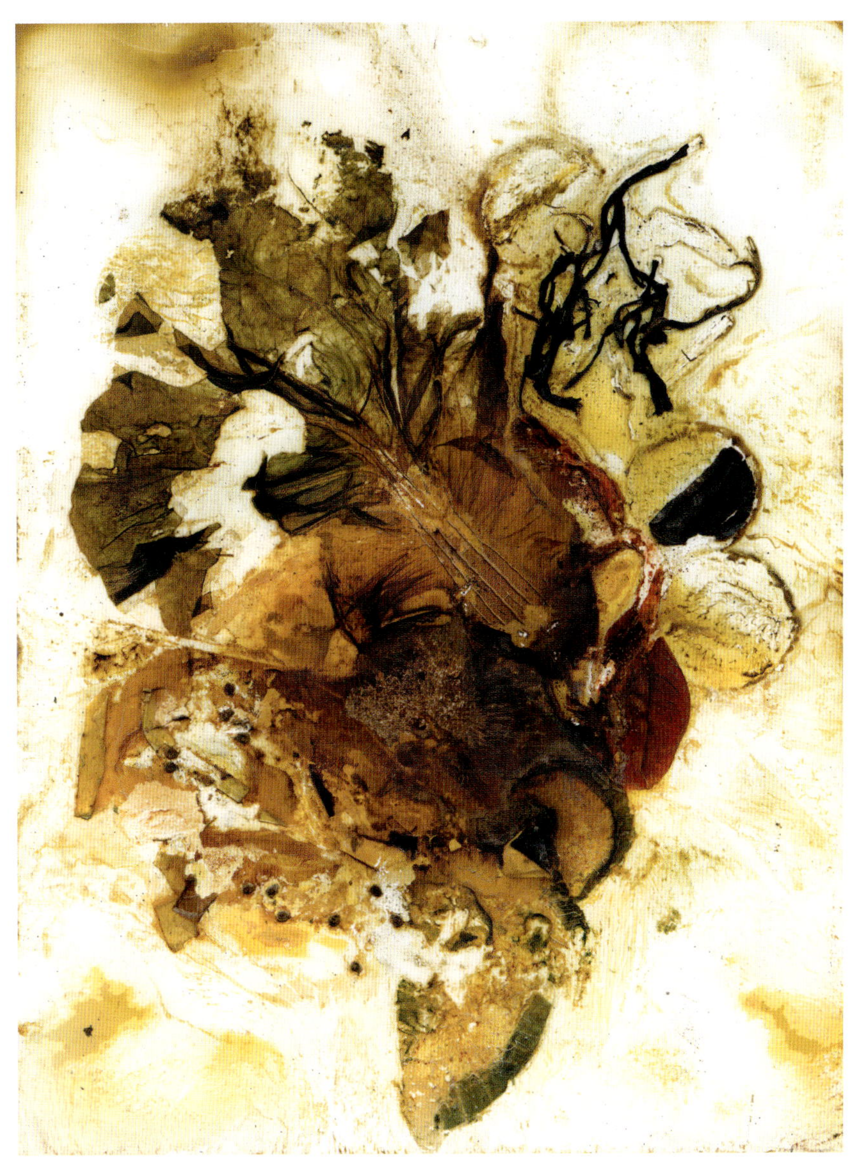

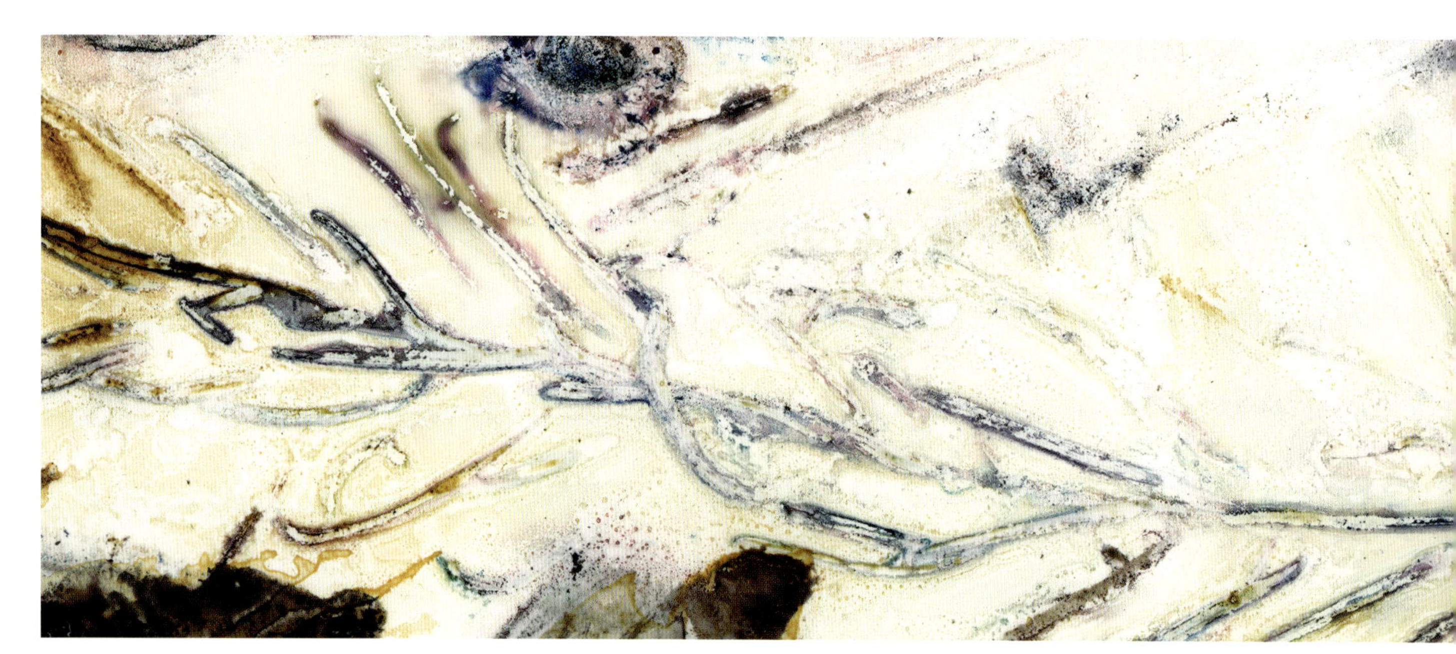

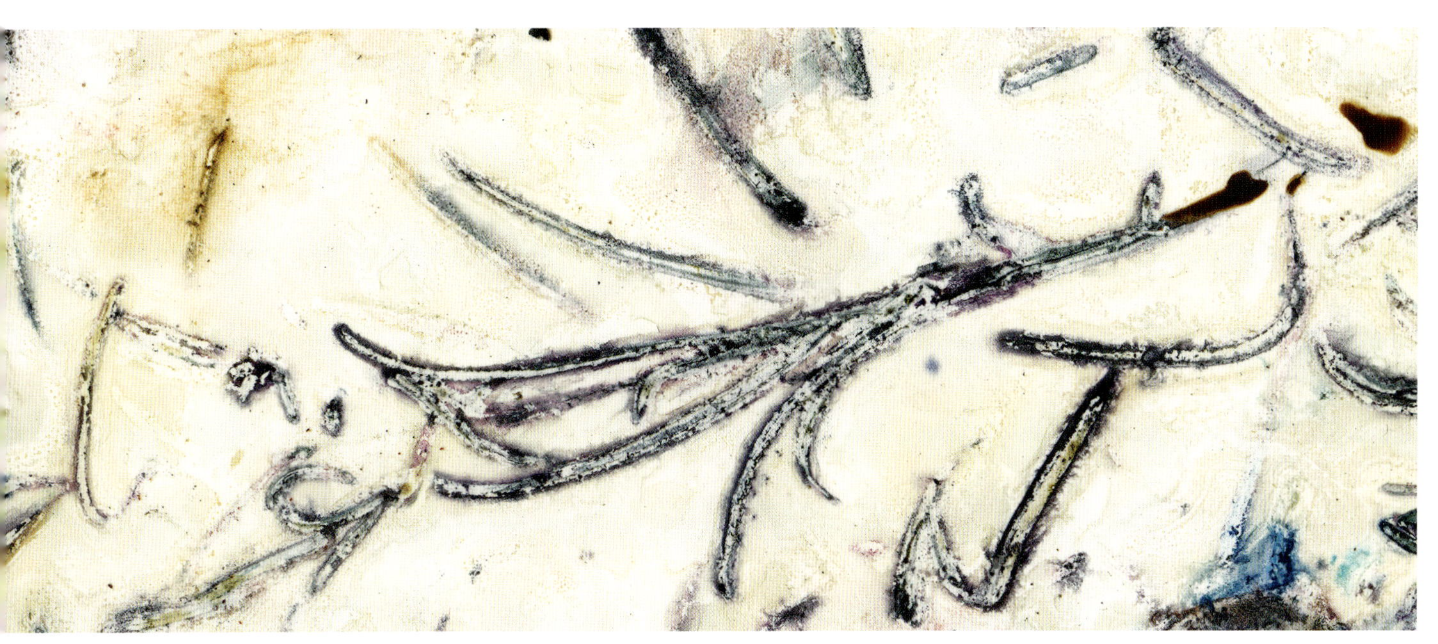

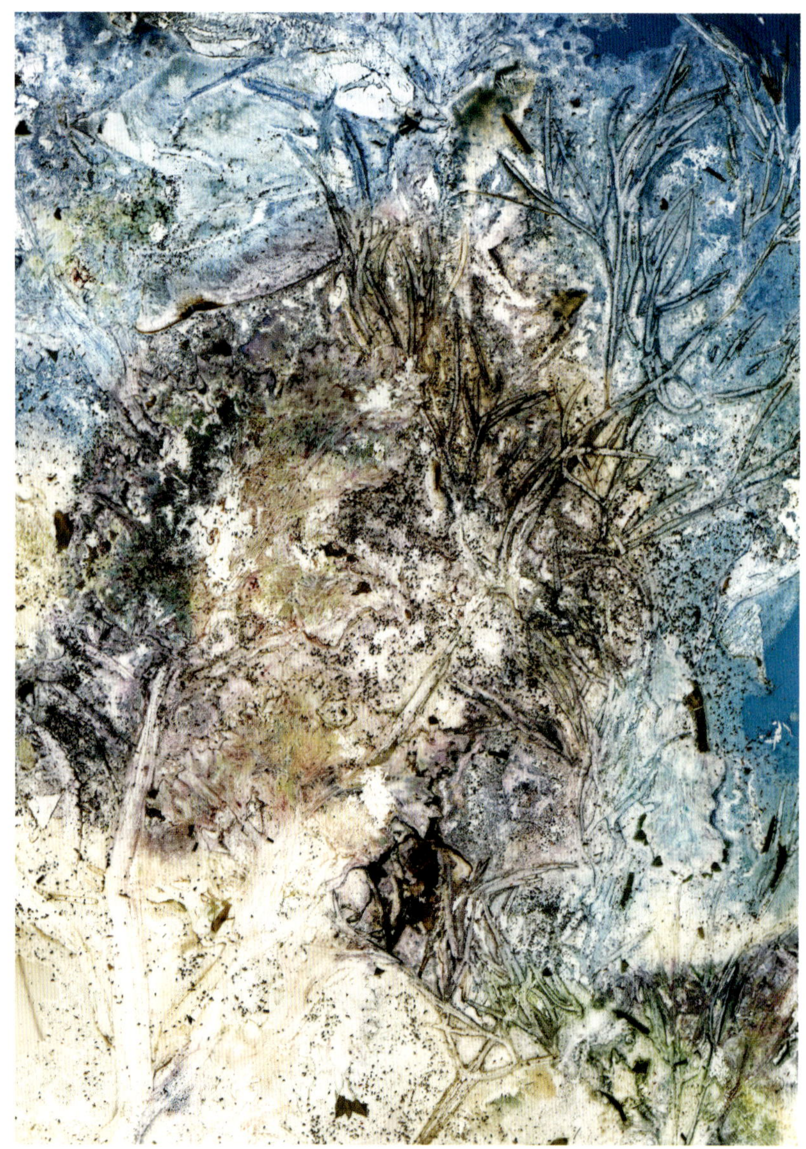

   Chickens (Kurczaki) 2009 / 70x50cm

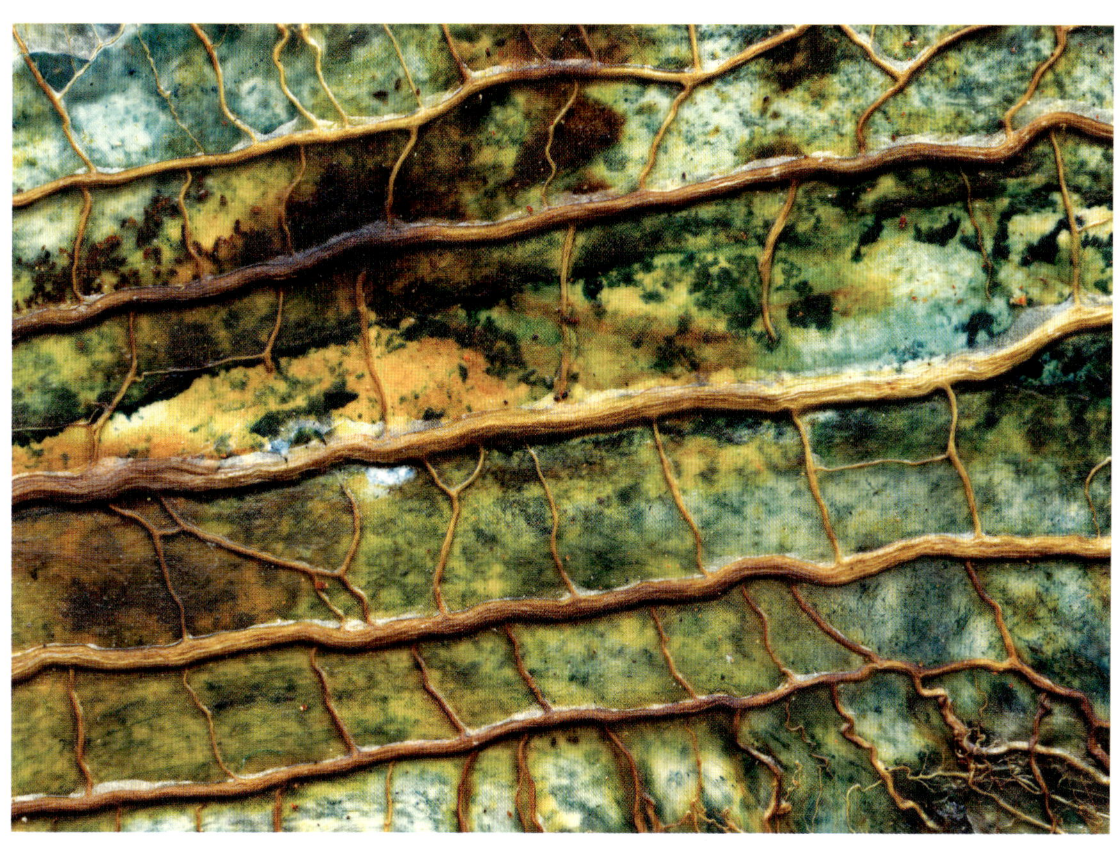

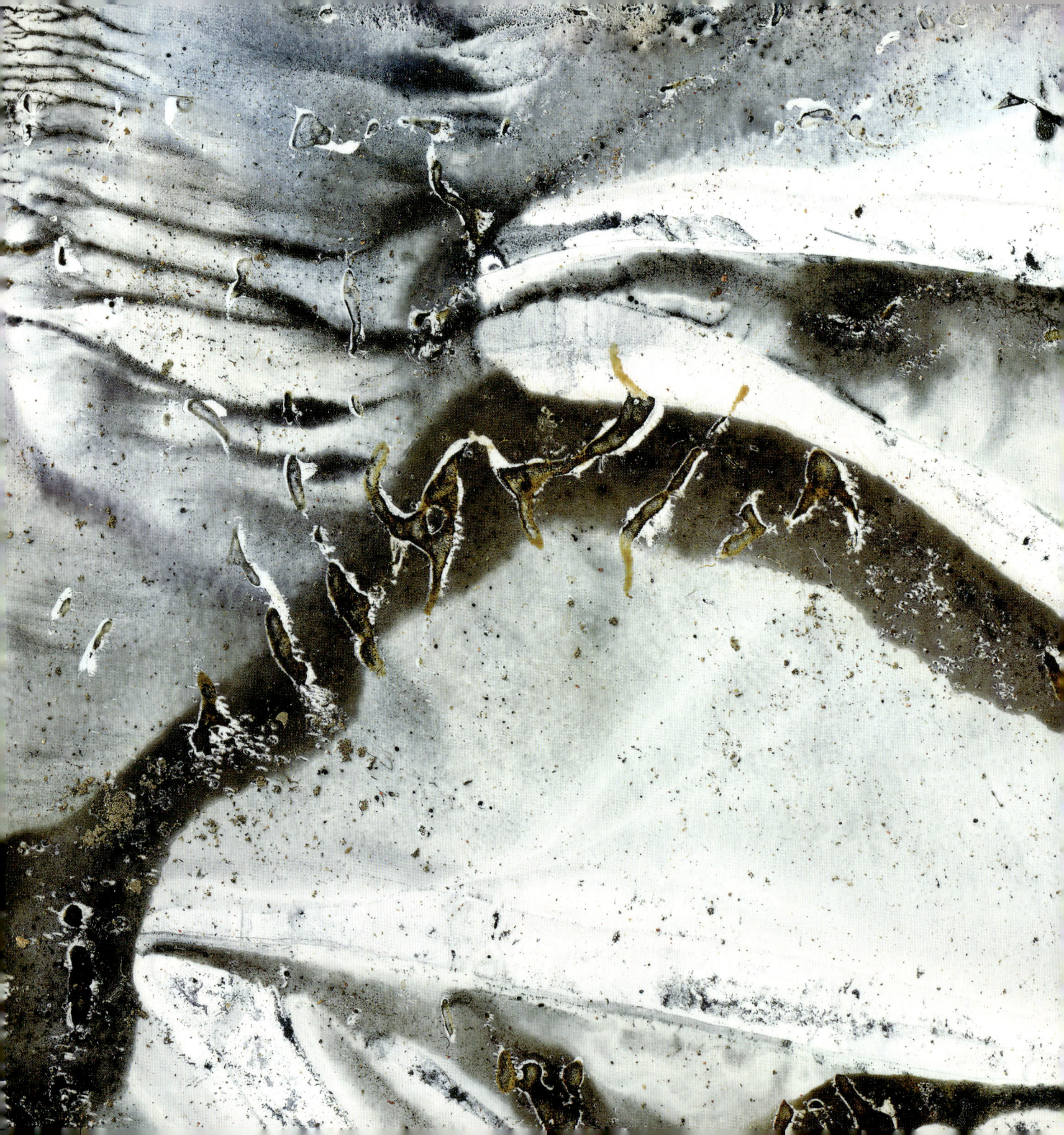

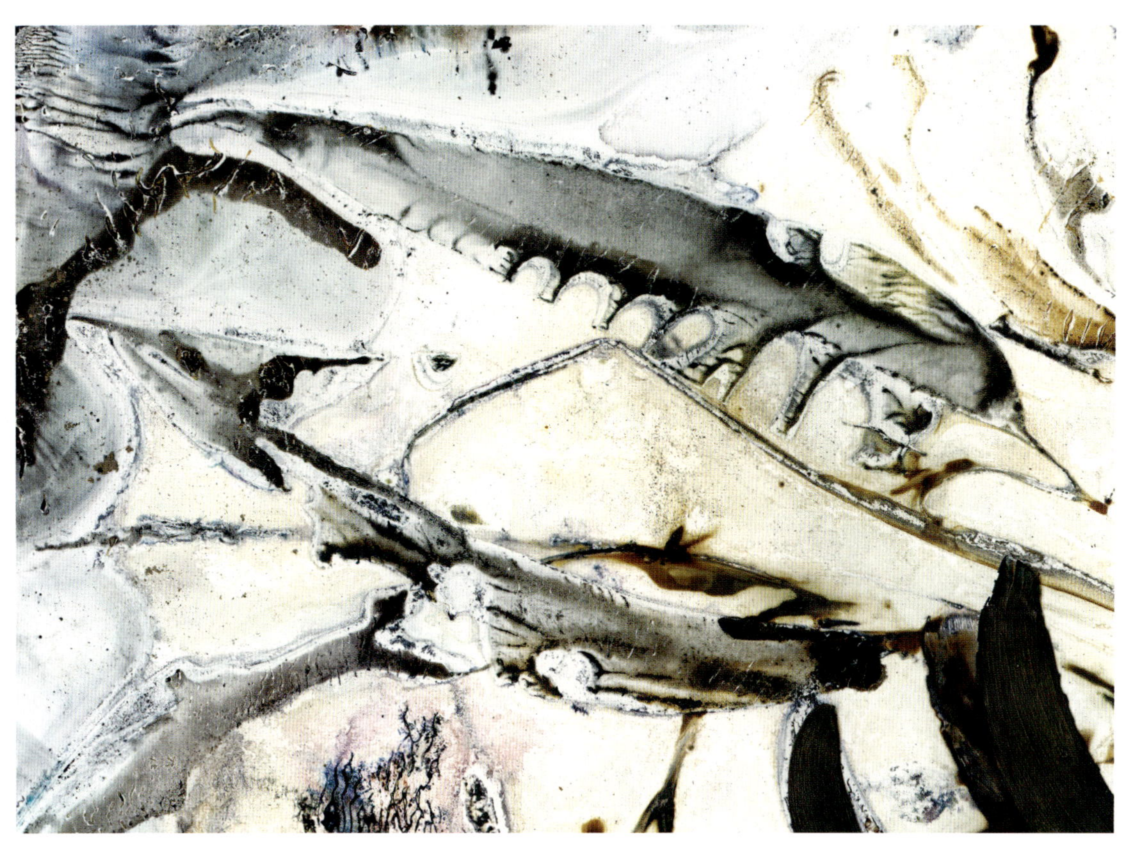

Ice Pond (Staw Lodowy) 2009 / 50x70cm　　37

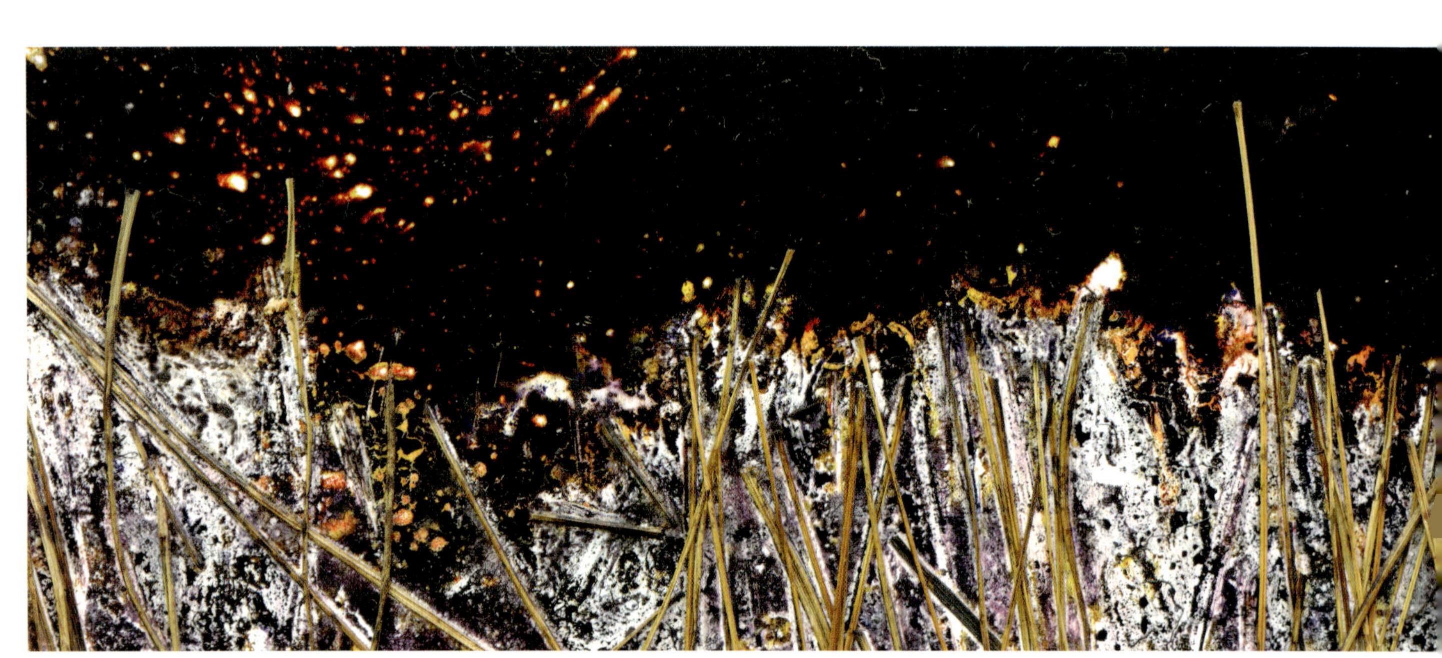

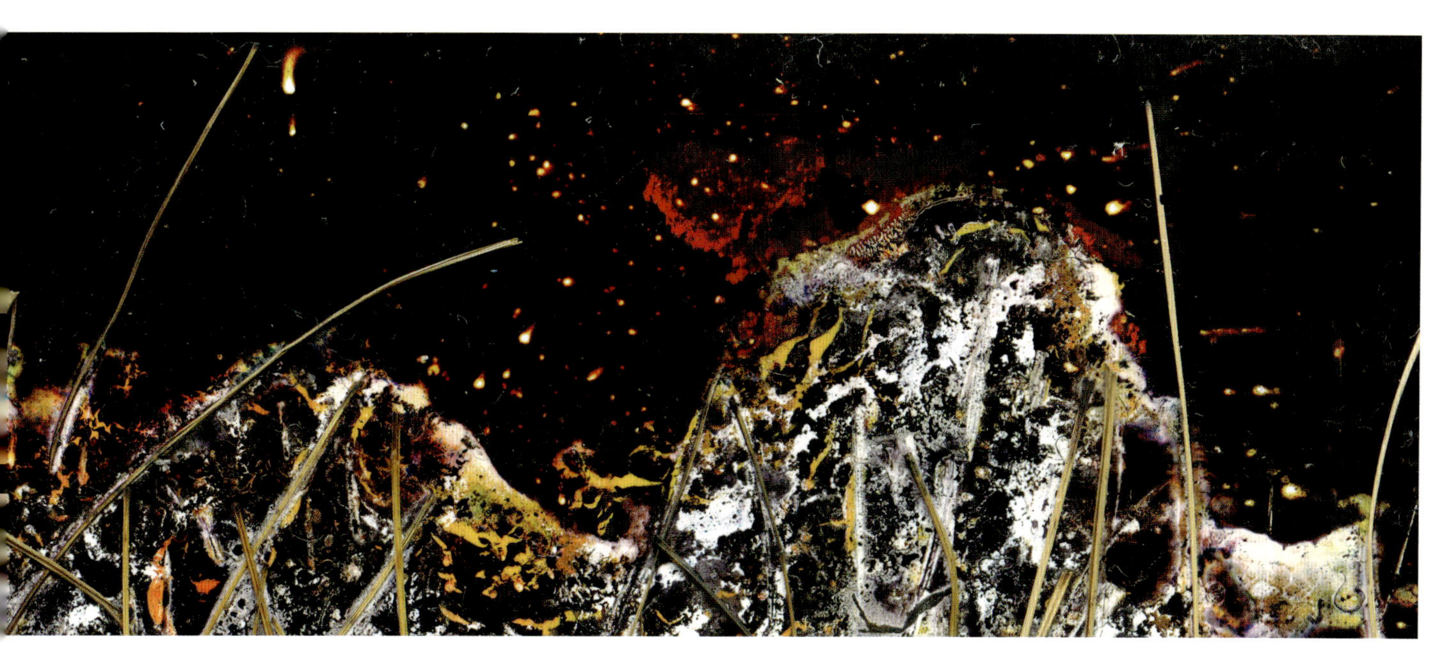

Summer Night (Letnia Noc) 2009 / 50x250cm / 30x150cm   39

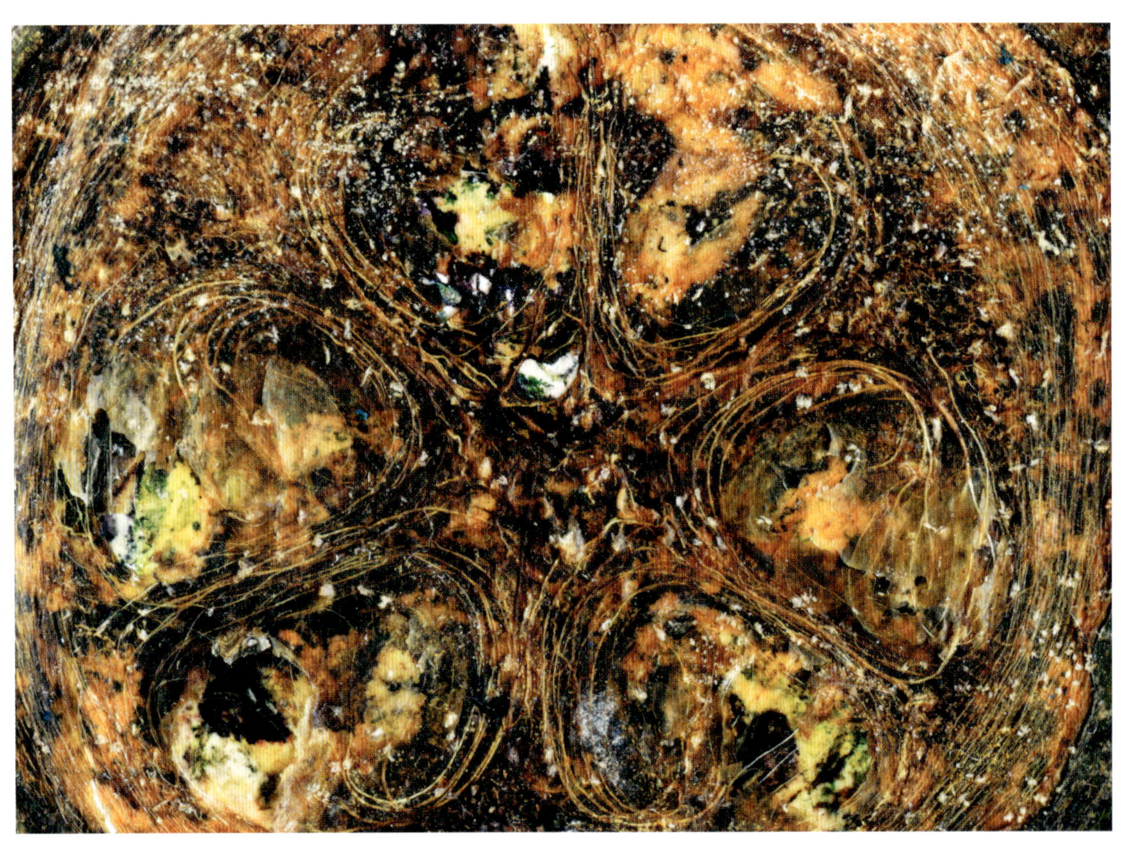

40   Underwater Treasure (Podwodne Skarby) 2009 / 50x70cm

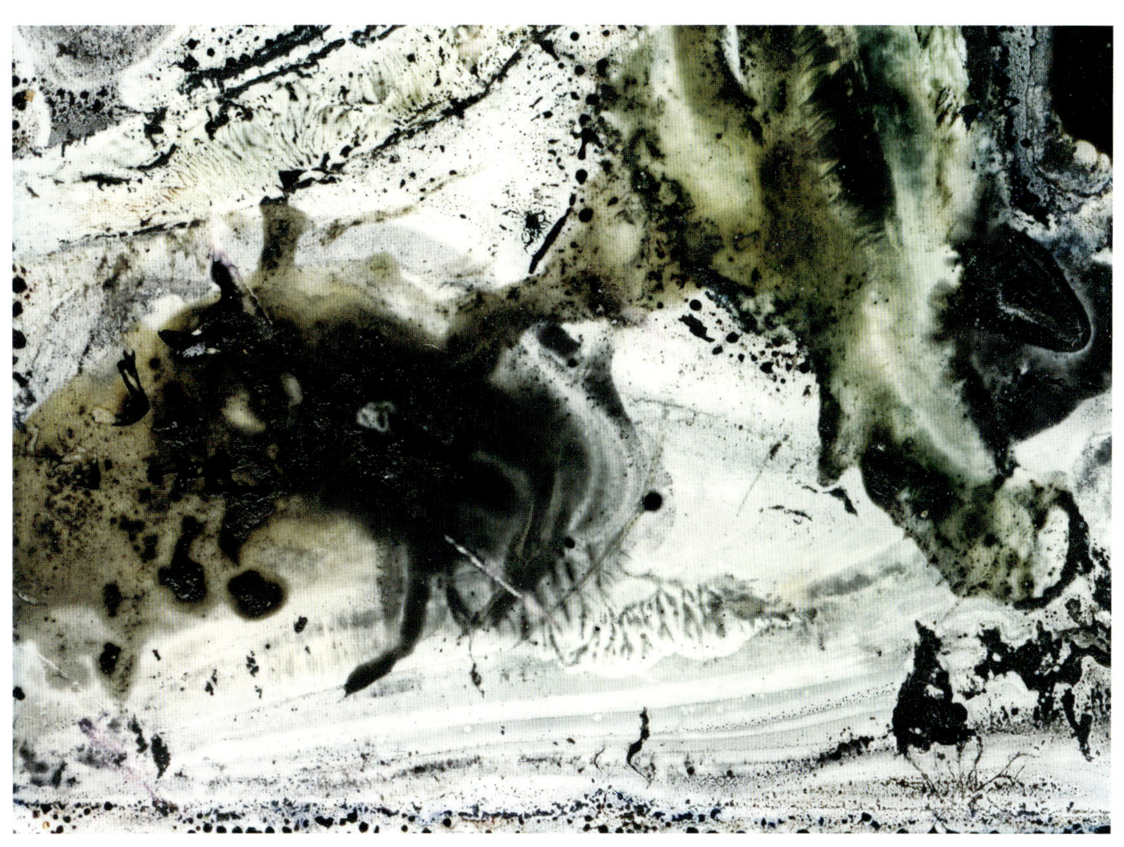

Accident (Wypadek) 2009 / 50x70cm   41

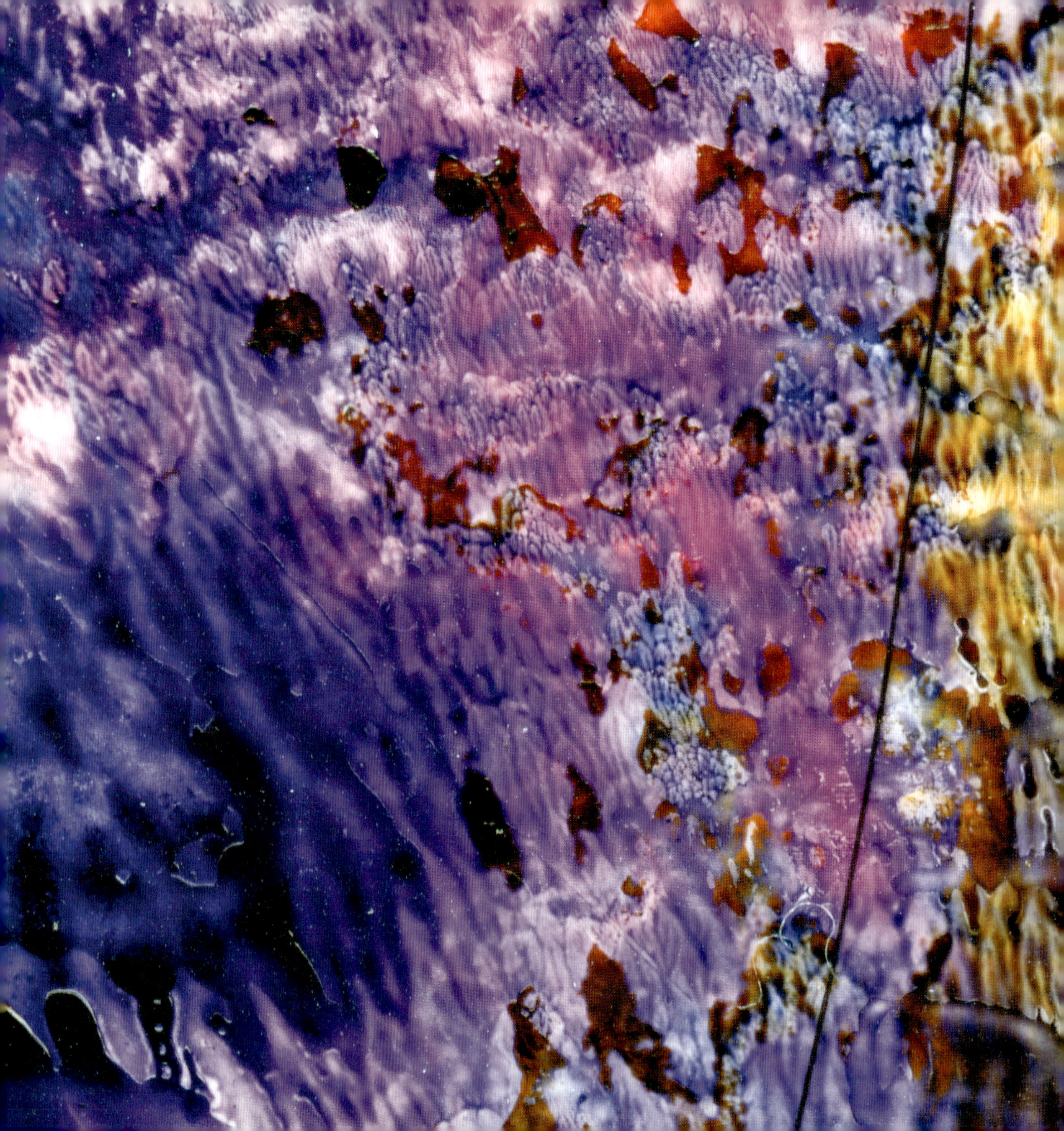

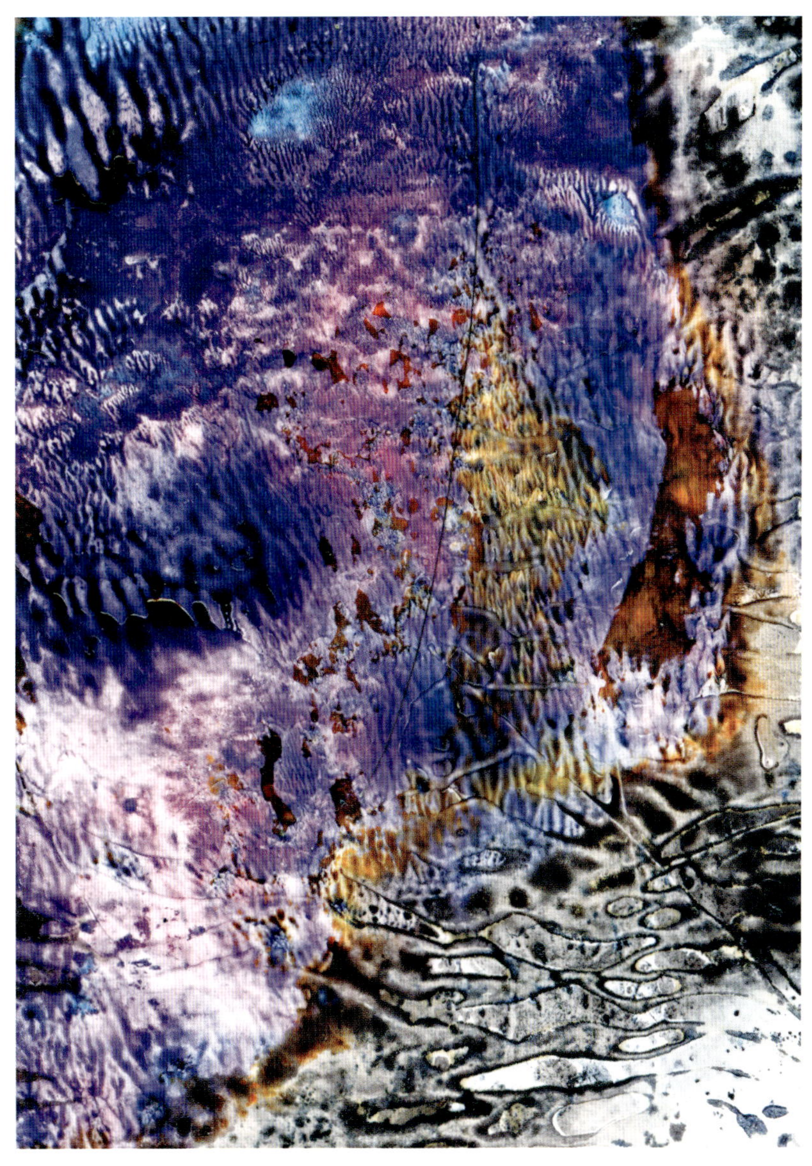

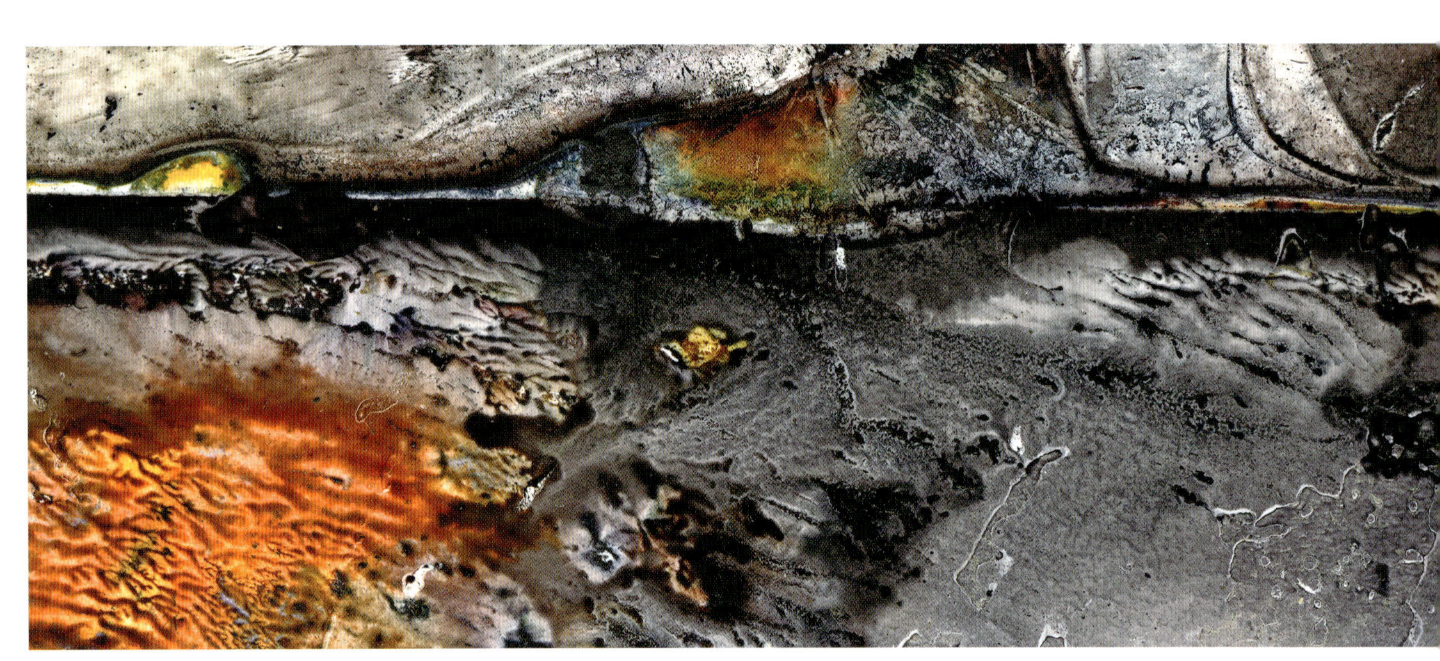

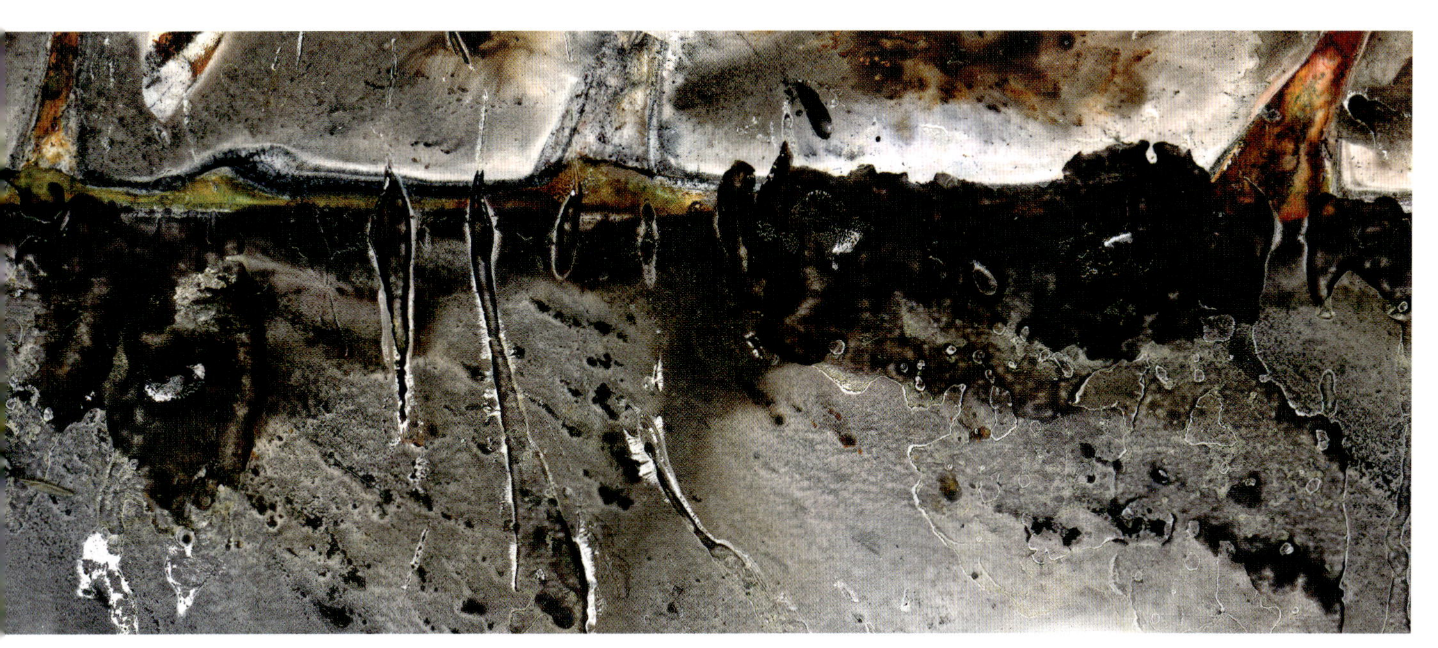

School portrait 1984

Artist's Note

The thrill of watching images magically appearing in a makeshift darkroom sparked my interest in photography from an early age. My sister Iwona was studying Fine Arts and spent her weekends experimenting in a darkroom she set up in the family bathroom. I loved watching Iwona, I loved going to visit her at the School of Art, and I loved it when she was away – the darkroom was all mine to play in. It didn't matter that the camera was cheap, the negatives poorly developed, or that my techniques involved more guesswork than skill. It didn't even matter that the results were somewhat less than adequate… The experience was priceless, the event recorded. The interest born out of these innocent beginnings led me to undertake photographic studies in my hometown, Janów Lubelski. I believed most of these early photographs to have been lost, but fourteen years later, on a visit to my family's village cottage (the source of many fond holiday memories), I found a collection of my old negatives and equipment stored in their attic.

When in 1991 I immigrated to Australia I dreamed of pursuing my photography further. However, it wasn't until I arrived that I fully appreciated just how challenging and complex an experience this was going to be for a young family with a baby. It took me years to get over the sudden separation from family and friends.

In 2002 I finally followed my passion again, and commenced photographic studies at the Queensland College of Art at Griffith University. I started experimenting again, and the magic of photography returned.

Now my images appear through the complexity of chemical and biological reactions that are part of the decomposition process that claims us all. I was fortunate to learn about microbes from my other sister, Dorota, who was at that time completing her studies in microbiology. We were both fascinated by the results of microbial interactions. Ironically, when we were children, Dorota accidentally destroyed my school photo with an apple core. At the time I was very upset, but for some reason I kept the photograph all these years just to find it again as I was planning this book.

Living in Australia has helped me to look at the people and places of my childhood in a new light, and to make sense of the transitions that are both personal to me and part of the human experience.

With thanks to my son Matt, the inspiration for my existence and my faithful assistant over the years.

Od Artystki

Dreszcz wywoływany przyglądaniu się obrazom, pojawiającym się magicznie w prowizorycznej ciemni rozbudził we mnie zainteresowanie fotografią jeszcze w dzieciństwie. Starsza siostra Iwona uczyła się wówczas w liceum plastycznym, a w soboty i niedziele przeprowadzała eksperymenty w ciemni, którą urządziła w naszej łazience. Strasznie lubiłam obserwować to, co robiła, lubiłam odwiedzać ją w liceum plastycznym, ale też bardzo mi odpowiadało, kiedy nie było jej w domu. Bo miałam wówczas ciemnię do mojej wyłącznej dyspozycji. Nieważne, że miałam tani aparat, że negatywy były źle wywołane i że technika, jaką stosowałam była wielką niewiadomą. Nie miało to wcale znaczenia, że rezultaty były raczej mało zadawalające... Zdobywałam bezcenne doświadczenie i powstawała dokumentacja różnych wydarzeń. Zainteresowania, które narodziły się z tej niewinnej zabawy doprowadziły mnie do podjęcia nauki fotografii w Janowie Lubelskim, moim miasteczku rodzinnym. Byłam przekonana, że większość fotografii z tamtego okresu przepadła. Ale po czternastu latach, kiedy przyjechałam do rodziny na wieś, do miejsca z którym wiązało się wiele wspaniałych wspomnień wakacyjnych, znalazłam tam na strychu stare negatywy i sprzęt fotograficzny.

Kiedy w roku 1991 emigrowałam do Australii marzyło mi się dalsze zajmowanie się fotografią. Jednak dopiero na miejscu zdałam sobie sprawę jak wielkim wyzwaniem i złożonym doświadczeniem jest emigracja dla rodziny z małym dzieckiem. Poza tym minęło kilka lat, zanim przyzwyczailam się do nowego otoczenia i rozłąki z rodziną i przyjaciółmi.

Wreszcie w 2002 roku udało mi się powrócić do dawnych fascynacji. Rozpoczęłam studia na Queensland College of Art na Griffith University. Czar fotografii powrócił i na nowo zaczęłam eskperymentować, tym razem wykorzystując rozkład materii organicznej.

Obecnie moje obrazy powstają w wyniku skomplikowanych reakcji chemicznych i biologicznych występujących w procesie rozkładu, któremu podlega cała przyroda, nie wyłączając nas samych. Moja druga siostra Dorota studiowała w tym czasie mikrobiologię i obydwie uległyśmy fascynacji światem mikrobów. Jak na ironię losu, kiedy byłyśmy dziećmi, Dorota zniszczyła ogryzkiem moje szkolne zdjęcie. Bardzo się wtedy na nią rozzłościłam, ale z jakiegoś powodu zachowałam tę fotografię do dziś, może po to by wykorzystać ją w tej książce.

Życie w Australii pomogło mi zobaczyć ludzi i miejsca z mojego dzieciństwa w zupełnie nowym świetle. Dostrzegłam sens przemian, które są moim osobistym przeżyciem na tle ogólnoludzkich doświadczeń.

Z podziękowaniami dla mojego syna Mateusza, który nadaje sens mojemu życiu i od lat jest moim wiernym pomocnikiem.

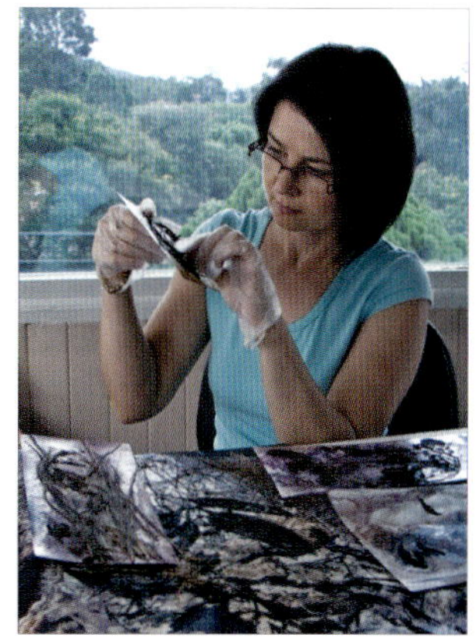

In the studio, 2010

Acknowledgments

This book is dedicated to my mum.

I would like to thank many special individuals who made this project possible, especially Matt, Marek and Dorota for their patience, support and understanding. Camilla Birkeland for the design of the book, her hard work, kindness and always positive approach. Maurice Ortega for editing the book, his vision and support. Victoria Garnons-Willliams for her words in this book, her encouragement and enthusiasm. Lyle Rexer for kindly writing the foreword. Małgorzata Sady for translations. Marian Drew for always believing in me. Martin Barry for his attention to detail. My friends and colleagues for their friendship, encouragement, wisdom and knowledge. Family and friends overseas for being in my memories especially in this project. Thanks to the Queensland Government, Queensland College of Art Griffith University, 'Polonia' Polish Association of Queensland, The Polish Place, Global Eyes Optometrist, Jewelan Art Projects, Kayell Queensland/RGB Digital and Brisbane Digital Images for supporting this project.

This project has received financial assistance from the Queensland Government through Arts Queensland.

Podziękowania

Ta książka jest zadedykowana mojej mamie.

Chciałabym podziękować wielu osobom, dzięki którym powstał ten projekt, szczególnie Mateuszowi, Markowi i Dorocie za cierpliwość, wsparcie i zrozumienie. Camilli Birkeland za projekt graficzny oraz jej życzliwość i niestrudzone i pogodne podejście. Maurice Ortega za redakcję książki, jego wielką wizję i wsparcie. Victorii Garnons-Willliams za słowa w tej książce i budujący entuzjazm. Lyle Rexer za uprzejme napisanie przedmowy. Małgorzacie Sady za tłumaczenia. Marian Drew za wiarę we mnie. Martinowi Barry za jego precyzję. Moim przyjaciołom i współpracownikom za ich przyjaźń, wsparcie, mądrość i wiedzę. Rodzinie i przyjaciołom zza granicy, którzy zawsze pozostają w mojej pamięci, a w szczególności podczas tego projektu. Podziękowania dla Rządu Stanowego w Queensland, Queensland College of Art Griffith University, „Polonii" Stowarzyszenia Polaków w Queensland, The Polish Place, Global Eye Optometrist, Jewelan Art Projects, Kayell Queensland/RGB Digital i Brisbane Digital Images za wsparcie w tym przedsięwzięciu.

Projekt zrealizowany dzięki wsparciu finansowemu od Rządu Stanowego w Queensland, poprzez Arts Queensland.

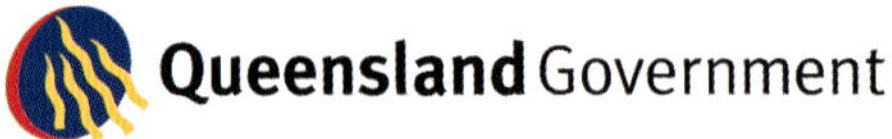

This publication was proudly supported by:

Książka zrealizowana również dzięki poparciu przez:

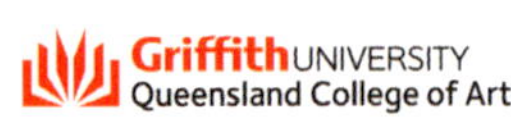 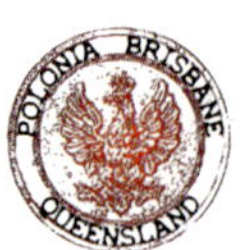  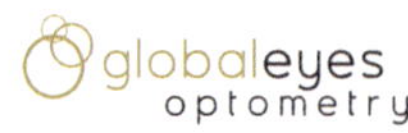 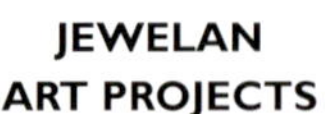 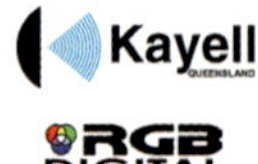 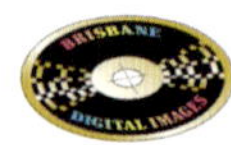

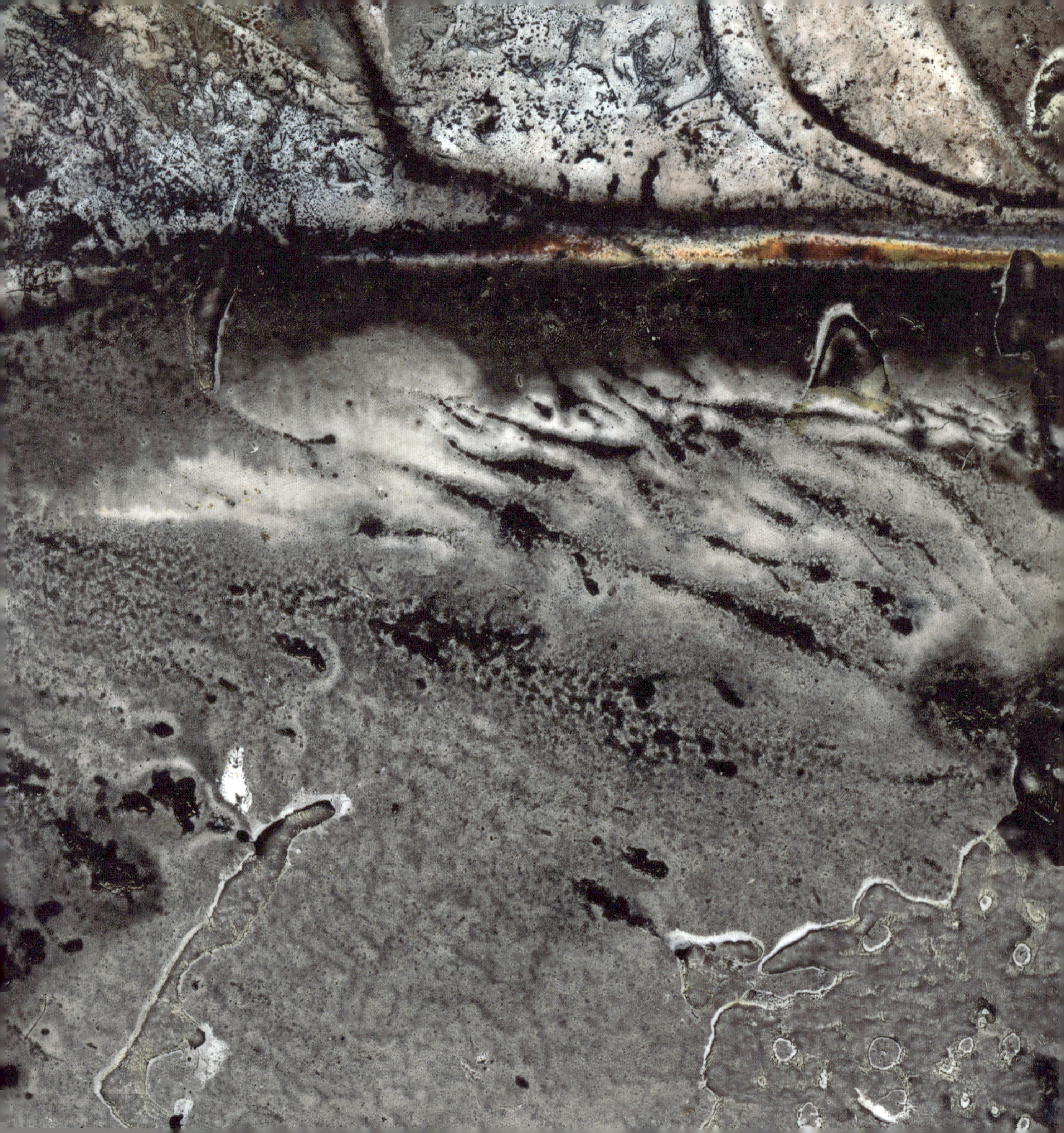